Petra Stamer-Bra

Wut-weg-Spiele für Kita, Hort und Schule

Petra Stamer-Brandt

Wut-weg-Spiele für Kita, Hort und Schule

Aggressionen abbauen – Entspannung finden

HERDER

FREIBURG · BASEL · WIEN

Überarbeitete Neuausgabe
© Verlag Herder GmbH, Freiburg im Breisgau 2010
Alle Rechte vorbehalten
www.herder.de

Umschlaggestaltung und -konzeption: SchwarzwaldMädel
Umschlagfoto: Heidi Velten
Illustrationen Innenteil: Klaus Puth
Layout, Satz und Gestaltung: Arnold & Domnick, Leipzig
Druck und Bindung: fgb • freiburger graphische betriebe
www.fgb.de

Gedruckt auf umweltfreundlichem, chlorfrei gebleichtem Papier
Printed in Germany

ISBN 978-3-451-32299-0

Inhalt

Vorwort

Mit der Wut umgehen lernen

Fröhlich drehen Leon und Maike mit ihren Laufrädern ihre Runden auf dem Hof. Plötzlich ertönt ein lautes Geschrei. Leon hat Maike aus heiterem Himmel vom Laufrad gestoßen. Immer öfter kommt es bei ihm zurzeit zu solch aggressiven Gefühlsausbrüchen.

Das kann so nicht mehr hingenommen werden. In einem Elterngespräch spricht die Erzieherin mit Leons Eltern, die auch über das Verhalten ihres Sohnes besorgt sind, über mögliche Ursachen seiner Wutausbrüche. Sie versuchen zunächst einmal, Leons Verhalten zu verstehen. Sie wissen, dass das Gefühl der Wut zum Leben dazugehört, so wie andere Gefühle auch. Deswegen kann und soll er nicht lernen, das Gefühl der Wut abzuschalten. Aber Leon muss lernen, mit seiner Wut umzugehen, sie in andere Bahnen zu lenken und gewisse Regeln einzuhalten. Dabei können sie ihn unterstützen.

Gemeinsam suchen sie nach Lösungen und entwickeln eine Art Krisenstrategie. In dieser werden die Bedürfnisse und Stärken des Jungen ebenso berücksichtigt wie die Notwendigkeit des Grenzensetzens vonseiten der Erwachsenen.

Es gibt viele Ursachen für Aggressionen

Die häufigsten Gründe für aggressives Verhalten sind Enttäuschungen über nicht erfüllte Wünsche, Wut über ein eigenes Missgeschick oder Verletzungen (z. B. Beleidigung oder Diskriminierung) durch eine andere Person. Auch Ablehnung, Bestrafung, Mangel an Beachtung und Zurechtweisung können zu Wutausbrüchen führen. Forschungsergebnisse machen deutlich, dass vor allem Jungen im Vor- und Grundschulalter aggressives Verhalten zeigen. Viele gelten als frech, extrem unangepasst und versuchen, fehlende Anerkennung durch Mobben, Schlagen, Erpressen und Zerstören zu erhalten. In den Medien wird Kindern vorgegaukelt, dass Anwendung von Gewalt ein Zeichen von Stärke ist. Ihre Helden sind oft brutal, benutzen Waffen und lösen ihre Konflikte mit Gewalt.

Kinder brauchen Bezugspersonen, die positive Vorbilder sind und ihnen zeigen, was eine wirklich starke Persönlichkeit ausmacht. Und sie brauchen Erwachsene, die sie mit ihren Bedürfnissen und Gefühlen annehmen, ihnen liebevoll Aufmerksamkeit und Anerkennung schenken.

Eine meist unterschätzte Ursache für wütendes, aggressives Verhalten kann auch schlicht und einfach Bewegungsmangel sein. Unsere Kinder wachsen heute in einer Welt auf, die wenig Raum und Zeit für reale Abenteuer und Bewegung bietet. Die meisten Kinderzimmer sind klein und häufig mit einem Überangebot an Spielzeug ausgestattet. Auch das Spiel auf der Straße oder dem Spielplatz ist nur noch bedingt möglich. Viele Kinder haben heutzutage einen vollen Terminkalender, der wenig Gelegenheit zum freien Spiel lässt.

Der Wunsch nach Spiel, Bewegung und Abenteuer ist aber ein Grundbedürfnis aller Kinder. In der Kindertageseinrichtung, dem Hort und der Schule ist es wichtig, dass den Kindern bei Spaziergängen, Ausflügen, im Freispiel und den Pausen die Möglichkeit zum Bewegen, Zeit zum Erleben und Toben gegeben wird.

Kinder brauchen ein Ventil, um angestaute Wut und Energien herauszulassen. Sprechen Sie über diese Aspekte auch mit den Eltern, beispielsweise an einem speziellen Elternabend zum Thema.

Was ist zu tun?

Obwohl die Rahmenbedingungen meist nicht optimal sind, gibt es eine ganze Menge, was Sie tun können, damit die Kinder lernen, mit ihrer Wut umzugehen. Sie können viele attraktive und erlebnisreiche Bewegungsmöglichkeiten schaffen, um den Bewegungsmangel auszugleichen

Entdecken und entwickeln Sie gemeinsam neue Spiel- und Bewegungsmöglichkeiten in ihrer Einrichtung, auf dem Hof sowie in der näheren Umgebung. Machen Sie Ausflüge, besuchen Sie den Tierpark und erobern Sie einen Sportplatz. Werden Sie mit den Kindern aktiv, bewegen Sie sich mit ihnen und fordern sie heraus. Das gefällt ihnen und motiviert sie. Auch ist es wichtig, den Kindern geeignete Rückzugsmöglichkeiten zu schaffen, in denen sie ihre Gefühle ausleben und zur Ruhe kommen können (siehe S. 30, Eine Wüterichhöhle bauen).

Sehen Sie die Stärken und Fähigkeiten der Kinder – auch oder besonders bei Kindern, die zu Aggressionen neigen. Schenken Sie ihnen Wertschätzung, loben Sie sie und knüpfen an den Ressourcen der Kinder an. Regeln einhalten, Grenzen akzeptieren und Konflikte lösen muss dabei kontinuierlich mit den Kindern geübt werden. Zu all diesen Punkten können Sie die folgenden Spiele nutzen.

In diesem Buch finden Sie eine Vielzahl von Spielanregungen, die den Kindern ein positives Ventil für ihre angestauten Gefühle und den positiven Umgang mit ihrer Wut bieten. Die jeweils angegebene Spieldauer ist hierbei lediglich als Orientierungswert zu sehen. Beobachten Sie die Kinder und entscheiden nach der Motivation und dem Bedürfnis der Gruppe, wie lange Sie ein Spiel durchführen. Die Spiele können helfen, aggressivem Verhalten von Kindern vorzubeugen, Wut aufzufangen und dieser etwas entgegenzusetzen. Wenn Sie jederzeit einen Fotoapparat bereithalten, können Sie die Erfahrungen und eventuellen Entwicklungsschritte der einzelnen Kinder wunderbar dokumentieren.

An wen richtet sich das Buch?

- Das Buch wendet sich an Erzieher/innen, Grundschullehrer/innen und Sozialpädagog/innen. Auch Eltern können ihren Kindern viele dieser Spiele anbieten.
- Die Vorschläge sind für Vor- und Grundschulkinder (3–10 Jahre) geeignet. Es handelt sich um Klein- und Großgruppenspiele als auch um Spiele für einzelne Kinder.

Das Stopp-Signal

Wenn sich Kinder bei einem „Wut-weg-Spiel" nicht wohlfühlen, Ängste zeigen oder sich zu wild gegenüber anderen verhalten, ist es sinnvoll, mit dem Stopp-Signal zu arbeiten und die Szene anzuhalten (z. B. Stopp-Ruf/Schild oder Trillerpfeife). Danach wird das Spiel beendet oder so umgestaltet, dass es weniger unangenehm bzw. beängstigend ist.

Stopp-Übung vor dem Einsatz der Spiele:
Die Kinder bewegen sich im Raum. Sagen sie dann plötzlich „Stopp". Sofort sollen alle auf der Stelle stehenbleiben. Üben Sie so lange, bis alle Kinder das Signal verinnerlicht haben.

Ich wünsche Ihnen viel Spaß beim gemeinsamen Spielen! Freuen Sie sich darauf, gemeinsam mit den Kindern zu erleben, wie sich Wut in positive, kreative Energie verwandelt!

Petra Stamer-Brandt

In der Gruppe Dampf ablassen

Wut-weg-Spiele in Kita, Hort und Schule

Im Gruppen- oder Klassenzimmer, dem Bewegungsraum oder
der Turnhalle, in kleinen Räumen und im Freien können Sie
Kinder für Wut-weg-Spiele begeistern. Da diese Spiele vielfältige
Bewegungs- und Entfaltungsmöglichkeiten bieten, sind sie bei
Kindern sehr beliebt und motivieren zum Mitmachen. Sie helfen,
sich abzureagieren, mit Gefühlen umgehen zu lernen, miteinander
in Kontakt zu kommen und als Team zu handeln. Aggressionen
können abgebaut und Entspannung gefunden werden.

Kordeltreten

Alter:	ab 4 Jahren (Variation: ab 5 Jahren)
Mitspieler:	ab 2 Kindern
Spieldauer:	ca. 10 Minuten
Material:	pro Kind eine 30–50 cm lange Kordel, feste Haus- oder Turnschuhe. Für die Variation: ein Luftballon für jedes Kind

Schaffen Sie für dieses Spiel etwas Platz im Raum. Die Kinder stecken sich ein Stück Kordel in den Schuh. Es ist sinnvoll, die Kordeln seitlich in den Schuh zu stecken. Dann werden die Hände auf den Rücken gelegt. Nun versuchen alle Kinder durch das Treten auf die Kordel der anderen Kinder, diese aus deren Schuh zu ziehen.

Variation: Binden Sie Luftballons um die Fußgelenke der Kinder. Nun werden die Kinder aufgefordert, diese Luftballons zu zertreten.

Tücherklau

Alter:	ab 4 Jahren
Mitspieler:	ab 2 Kindern
Spieldauer:	ca. 10 Minuten
Material:	für jedes Kind ein kleines Tuch (z. B. Halstuch)

Mehrere Kinder haben ein kleines Tuch im Schuh oder in einer Socke stecken. Sie werden aufgefordert, sich gegenseitig die Tücher zu klauen. Dabei krabbeln alle Kinder auf dem Boden. Das eigene Tuch darf bei dem Spiel nicht verloren gehen.

Ideen der Kinder aufgreifen

Die meisten Spiele können durch die Ideen der Kinder bereichert, weiterentwickelt und immer wieder neu variiert werden. Kindern macht es Spaß, Spiele laufend zu wiederholen, dabei neue Regeln zu entwickeln und sie hierbei immer wieder neu zu erfinden.

Zeitungsballschlacht

Alter:	für alle Altersgruppen geeignet
Mitspieler:	ab 2 Kindern
Spieldauer:	ca. 15 Minuten
Material:	viele Zeitungen, evtl. einen Gong

Sammeln Sie jede Menge Zeitungspapier. Daraus knüllen die Kinder kleine Bälle. Allein das macht ihnen schon großen Spaß und kann innere Anspannungen abbauen. Wenn jedes mitspielende Kind einen Vorrat an Papierbällen angelegt hat, geben Sie das Startzeichen. Die Kinder dürfen sich jetzt so lange mit den Bällen bewerfen, bis Sie der Zeitungsschlacht ein Ende setzen. Das sollte nach etwa drei Minuten der Fall sein. Da das Spiel sehr laut werden kann, vereinbaren Sie vorher mit den Kindern ein Zeichen (z. B. Gong), welches das Spielende kennzeichnet.

Erlebnisparcour

Alter:	ab 4 Jahren
Mitspieler:	für Kleingruppen
Spieldauer:	variabel
Material:	alles, was der Gruppenraum hergibt

Bauen Sie mit den Kindern einen Parcours durch den ganzen Gruppen- oder Bewegungsraum bzw. das Klassenzimmer. Die Kinder können Tische umdrehen und mit Tüchern behängen, Stühle zu Tunneln umfunktionieren, Bälle in den Gruppenraum schaffen, mit denen sich die Kinder z. B. hinter einem Regal durchschlängeln müssen. Je nach Größe und Ausstattung des Gruppenraumes bieten sich viele interessante Spielmöglichkeiten an. Sie können mit einer Stoppuhr messen, wie lange die Kinder brauchen, um den Parcours zu durchlaufen. Mit ein bisschen Übung lassen sich die Zeiten dann verbessern.

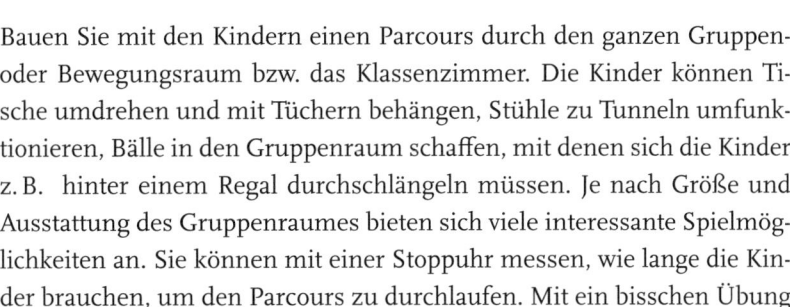

Bewegungsbaustelle

Alter:	für alle Altersgruppen geeignet
Mitspieler:	für Kleingruppen
Spieldauer:	variabel
Material:	Holzklötze, Bretter, Kanthölzer, Balken, Autoreifen, LKW-Schläuche, Bänke, Matten und alles, was der Bewegungsraum oder die Turnhalle hergibt.

Bewegungsbaustellen können in Bewegungsräumen, Turnhallen oder auf dem Hof aufgebaut werden. Sie lassen sich ständig verändern und bieten viele Bewegungsanreize, wenn geeignetes Material vorhanden ist. Die Kinder können sich altersentsprechend mit einfachsten Bauteilen eine Baustelle einrichten. Hier können sie balancieren, schaukeln, wippen, springen, Kunststücke machen und ihre Geschicklichkeit üben.

Der Bewegungsbaustelle liegt ein ganz einfaches Konzept zugrunde. Einfache Materialien werden in unterschiedlicher Weise miteinander verzahnt, Matten über Bänke gelegt, Bänke werden zum Balancieren umgedreht und mit einfachen Holzlatten zu Wippen umgestaltet. Die Bewegungsbaustelle bietet attraktive Bewegungsangebote, die ganz individuell genutzt werden können und jedem Kind ein Erfolgserlebnis vermitteln. Sie aktiviert die Kinder insbesondere zu grobmotorischen Bewegungen.

Mit besonderen technischen Hilfsmitteln lässt sich das Angebot erweitern. Die Kinder können dann neben dem Schaukeln und Wippen auch Rotieren, Schleudern, Karussellfahren u. v. m.

Heulbojenspiel

Alter:	ab 4 Jahren
Mitspieler:	für Klein- und Großgruppen
Spieldauer:	ca. 15 Minuten
Material:	zwei Tücher

Alle Kinder stehen gut verteilt in einem großen Raum. Sie stellen Heulbojen dar. Ein mutiges Kind übernimmt die Rolle des Schiffes, das durch das Meer fährt. Da es Nacht ist, werden dem Kind, das die Schiffsrolle übernimmt, mit einem Tuch die Augen verbunden. Nun soll es von einem Raumende (Weltmeer) zum anderen fahren. Dabei darf es die Heulbojen, die es ja nicht sehen kann, nicht rammen. Sobald das Schiff in die Nähe einer Boje gerät, muss die Boje aufheulen. Wenn es weitere mutige Kinder gibt, kann in einer zweiten Runde auch ein zweites Schiff auf die Reise geschickt werden. So wird die Orientierung noch schwieriger.

Gelangen die Schiffe an ihr Ziel, ohne eine Boje zu rammen? Kollidiert ein Schiff, wird es aus dem Verkehr gezogen (muss in die Werft).

Blinde Orientierung

Beim Heulbojenspiel können die Kinder viel Mut beweisen, denn es ist nicht einfach, sich „blind" zu orientieren. Die „Bojen" übernehmen ein Stück Verantwortung. Sie müssen dafür sorgen, dass dem Schiff nichts passiert.

Wut-weg-Tanz

Alter:	für alle Altersgruppen geeignet
Mitspieler:	ab 1 Kind
Spieldauer:	5–10 Minuten
Material:	CD-Spieler und CD mit lebhafter Musik (z. B. „Karneval der Tiere")

So richtig austoben können sich die Kinder bei einer freien Tanzimprovisation. Wählen Sie eine CD mit lebhafter Musik aus, z. B. Kinderlieder, Percussion oder klassische Musik. Bewegen Sie sich mit und stecken Sie die Kinder mit Ihrer Bewegungsfreude an.

Variation: Sobald die Musik ausgestellt wird, erstarren die Kinder in ihrer Bewegung. Stellen Sie die Musik nach wenigen Sekunden wieder an.

Softballkampf

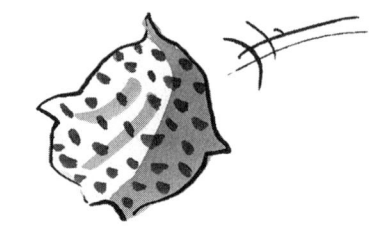

Alter:	ab 5 Jahren
Mitspieler:	für Klein- und Großgruppen
Spieldauer:	ca. 10 Minuten
Material:	2 Softbälle pro Kind

Dieses Spiel wird in einem großen Raum gespielt. Die Kinder stehen in einem großen Kreis. Jedes Kind erhält zwei Softbälle, die es auf ein Startzeichen hin in die Kreismitte wirft. Liegt der letzte Ball in der Mitte, rennen die Kinder in den Kreis, schnappen sich ein oder zwei Bälle und werfen damit ein anderes Kind ab. Wer getroffen wurde, kniet sich nieder. Erreicht das kniende Kind einen Softball, ist es erlöst und kann weiterspielen. Besprechen Sie mit den Kindern, ob es noch andere Spielvarianten gibt.

Po an Po

Alter:	für alle Altersgruppen geeignet
Mitspieler:	Mitspieler: ab 2 Kindern
Spieldauer:	Spieldauer: ca. 10 Minuten

Die Kinder bewegen sich unter erschwerten Bedingungen durch den Raum. Sie rufen als Spielleiter/in den Kindern zu, wie sie sich bewegen sollen:

• Po an Po,
• Knie an Knie,
• Kopf an Kopf,
• Wange an Wange,
• Ellbogen an Knie,
• Rücken an Rücken,
• Hand an Knie.

Die Kinder werden sich sicherlich noch viele andere lustige Variationen einfallen lassen.

Monster spielen

Alter:	ab 4 Jahren
Mitspieler:	für Kleingruppen
Spieldauer:	ca. 15 Minuten
Material:	viele Decken und Kissen, evtl. Matratzen

Bei diesem Spiel darf ein Kind in die Rolle eines Monsters schlüpfen, das die anderen Kinder gefangen nehmen will. Bevor das Spiel beginnt, werden gemeinsam Regeln festgelegt: z. B. nicht treten, schubsen, beißen, kratzen, schlagen.

Variation: Spielen Sie das Monster, das von mehreren Kindern gemeinsam überwältigt und handzahm gemacht werden soll. Diese Variante gefällt den Kindern meist besonders gut, weil es die Möglichkeit bietet, zu Ihnen Körperkontakt aufzubauen. Das Spiel ist beendet, wenn Sie auf dem Boden liegen und alle „Viere" von sich gestreckt haben.

Monster wecken 1

Alter:	ab 4 Jahren
Mitspieler:	Mitspieler: für Kleingruppen
Spieldauer:	Spieldauer: ca. 15 Minuten

Sie spielen das Monster, das allerdings noch schläft. Sie haben sich vor dem Spiel überlegt, mit welchem Trick Sie geweckt werden könnten (z. B. den Nacken kraulen, ein Küsschen auf die Stirn drücken). Ihr Kind probiert nun alles Mögliche aus, um Sie munter zu machen. Hat es das richtige Mittel gefunden, springen Sie auf und schnappen ein Kind. Dann darf dieses Kind das Monster sein. Beide Rollen haben hier ihren besonderen Reiz.

Rangeln, raufen, eigene Kräfte spüren

Monsterspiele eignen sich am besten in einem Bereich, der mit vielen Kissen ausgestattet ist und einen weichen Boden hat.
Kinder rangeln und raufen gerne, das ist auch eine Form der Kommunikation. Und sie lernen dabei die eigenen Kräfte kennen und entsprechend einzusetzen – immer unter der Berücksichtigung, dass der Partner auch über entsprechende Kräfte verfügt.

Monster wecken 2

Alter: ab 4 Jahren
Mitspieler: ab 3 Spielern
Spieldauer: ca. 15 Minuten
Material: Stühle

Ein Kind spielt das Monster und steht schlafend im Raum. Es schläft mit offenen Augen, ist völlig bewegungslos, zuckt nicht einmal. Das Monster sieht aber ganz genau, was die anderen Kinder tun. Diese sind ganz mutig, sie wollen das Monster wecken. Das versuchen sie, indem sie allerlei Schabernack treiben. Sie schneiden Grimassen und machen Drohgebärden. Obwohl es sehr gefährlich ist, berühren die ganz mutigen Kinder das Monster. Das beginnt sofort fürchterlich zu schreien, zu fluchen und zu toben. Es versucht, sich einen Störenfried zu greifen. Gelingt ihm das, ist dieses Kind nun Monster. Wer sich vor dem Monster retten will, muss auf einen Stuhl steigen. Das Monster kann nur beruhigt werden, wenn ein Kind auf einem Stuhl steht und ganz laut „Ruhe, ihr Monster!" ruft. Dann schläft das Monster sofort wieder ein. Das Monsterspiel bietet genau das richtige Maß an Spannung für die Kinder und ist geeignet, Mut zu beweisen.

Monsterspiel 3

Alter:	für alle Altersgruppen geeignet
Mitspieler:	Mitspieler: ab 3 Kindern
Spieldauer:	Spieldauer: ca. 15 Minuten

Alle Kinder gehen im Raum umher. Wenn Sie in die Nähe der Kinder kommen und laut rufen: „*Das Monster kommt!*", verschwinden die Kinder blitzschnell und verstecken sich. Ihre Aufgabe ist es jetzt, die Kinder zu suchen. Kennen die Kinder das Spiel, können sie auch selbst die Rolle des Monsters übernehmen.

Gefühlsspiel

Alter:	ab 5 Jahren
Mitspieler:	ab 6 Kindern
Spieldauer:	ca. 15 Minuten

Alle Kinder stehen im Kreis. Sie beginnen ein Rollenspiel, indem Sie sich vor ein Kind stellen und ein Gefühl zum Ausdruck bringen. Das Kind soll auf Ihr Gefühl reagieren. Falls Sie „weinen", nimmt es Sie vielleicht in den Arm und tröstet Sie. Sollten Sie einen Wutanfall simulieren, dreht es sich möglicherweise einfach weg. Nach kurzer Zeit stellen Sie sich wieder zu den anderen Kindern in den Kreis. Nun macht das Kind weiter, mit dem Sie gerade gespielt haben. Auch bei diesem Spiel ist ein anschließendes Gespräch wichtig. Welche Gefühle kennen die Kinder? Woran können sie erkennen, ob jemand traurig, beleidigt, freudig oder wütend ist? Und wie kann man auf solche Gefühle reagieren?

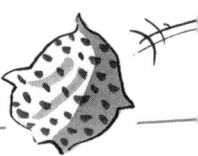

Materialien machen kreativ

Spiele, bei denen ein bestimmtes Material im Vordergrund steht, brauchen oft keine Anleitung. Das Material selbst hat einen großen Aufforderungscharakter, regt die Bewegungsfreude, Fantasie und Kreativität der Kinder an. Mit Luftballons, Seidentüchern, Sand- oder Reissäckchen, Bierdeckeln, Bettlaken und Zeitungspapier entwickeln die Kinder selbst jede Menge Spielideen und kommen in Bewegung.

Luftballonspiele

Alter: für alle Altersgruppen geeignet
Mitspieler: ab 2 Kindern
Spieldauer: ca. 15–20 Minuten
Material: viele aufgeblasene Luftballons, evtl. CD-Spieler und CD mit lebhafter Musik

Hier ein paar Ideen, was sich mit aufgeblasenen Luftballons alles anfangen lässt:

- Die Kinder improvisieren mit einem oder mehreren Luftballons.
- Der Luftballon wird mit den Fingerspitzen angetippt und in der Luft gehalten.
- Er wird durch Kopfballstöße in der Luft gehalten.
- Er wird mit dem Ellbogen, einem Fuß, dem Knie oder dem Po nach oben getippt.
- Zwei Kinder stehen sich gegenüber und spielen sich erst einen, dann beide Luftballons zu. Sie können ihn werfen, stoßen oder mit der flachen Hand schlagen.
- Mehrere Kinder tippen ihren Luftballon kräftig in die Luft. Dabei wirbeln alle Ballons durcheinander. Es darf aber keiner den Boden berühren. Alle Kinder kümmern sich um alle Luftballons.
- Der Luftballon wird zwischen die Beine geklemmt. Jetzt gehen die Kinder durch den Gruppenraum und dürfen dabei den Ballon nicht verlieren oder platzen lassen.
- Zwei Kinder stehen sich Bauch an Bauch gegenüber. Den Luftballon klemmen sie zwischen ihre Bäuche. Nun dürfen sie einen Tanz wagen.

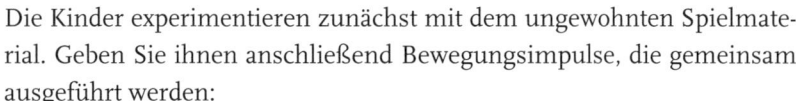

Putzlappenspiele

Alter:	für alle Altersgruppen geeignet
Mitspieler:	ab 2 Kindern
Spieldauer:	20–30 Minuten
Material:	pro Kind einen neuen Putzlappen

Die Kinder experimentieren zunächst mit dem ungewohnten Spielmaterial. Geben Sie ihnen anschließend Bewegungsimpulse, die gemeinsam ausgeführt werden:

- Die Kinder können den Lappen in die Luft werfen und mit den Händen bzw. ihrem Kopf wieder auffangen.
- Sie können ihn als Turban oder Kopftuch um den Kopf wickeln und spontan Rollenspiele beginnen.
- Sie können sich gegenseitig auf dem Lappen sitzend durch den Raum ziehen lassen.

Variation: Sie stellen zwei Stühle als Tor auf und lassen zwei Kinder gegeneinander mit einem Putzlappen Fußball spielen. Dabei dürfen sie nicht die Hände benutzen und sich gegenseitig nicht berühren.

Bierdeckelspiele

Alter:	für alle Altersgruppen geeignet
Mitspieler:	ab 2 Kindern
Spieldauer:	ca. 20 Minuten
Material:	viele Bierdeckel (pro Kind mindestens 10 Stück), kleine Plastikeimer oder Papierkörbe, evtl. CD-Spieler und CD

Jedes Kind erhält mindestens 10 Bierdeckel und dann kann es losgehen. Die Kinder experimentieren frei mit den Bierdeckeln (evtl. zu Musik) und denken sich selbst Spiele aus.

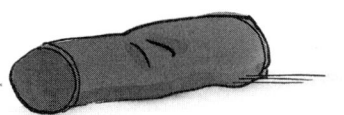

Nach ca. 10 Minuten können Sie Bewegungsimpulse geben:

- Alle stehen im Kreis und werfen ihre Bierdeckel in die Kreismitte. Dann rennen alle schnell dorthin, um sich so viele Bierdeckel zu schnappen, wie sie können. Anschließend beginnt das Spiel von vorne.
- Die Bierdeckel werden in die Luft geworfen und wieder aufgefangen.
- Ein Bierdeckel wird in die Luft geworfen, das Kind dreht sich einmal um die eigene Achse und fängt den Bierdeckel wieder auf.
- Zwei Kinder bewerfen sich mit Bierdeckeln und müssen diesen ausweichen.
- Es werden Eimer aufgestellt und die Bierdeckel hineingeworfen.
- Mehrere Bierdeckel werden auf den ausgestreckten Armen durch den Raum transportiert.
- Mehrere Bierdeckel werden übereinander auf den Kopf gelegt und nun von einem Raumende zum anderen transportiert. Eine erschwerte Variante: die Kinder stören sich gegenseitig beim Bierdeckeltransport, müssen aber die eigenen Bierdeckel sicher ans andere Ende des Raumes bringen.
- Die Bierdeckel werden wie Kreisel gedreht.
- Paare werden gebildet. Die Bierdeckel werden in die Luft geworfen und vom jeweiligen Partner aufgefangen.
- Ein Kind liegt auf dem Boden, ein anderes belegt es ganz sacht mit möglichst vielen Bierdeckeln. Das liegende Kind hält die Augen geschlossen und zeigt mit dem Finger auf die Stellen, auf denen ein Bierdeckel liegt.

Wuteimer

Alter:	für alle Altergruppen geeignet
Mitspieler:	ab 2 Kindern
Spieldauer:	jeweils 5–10 Minuten
Material:	für jedes Kind einen Plastikeimer, Seile, Kochlöffel, Stöcke

Kinder brauchen Spiele, bei denen sie sich richtig abreagieren können. Eimer sind dafür ein hervorragendes Mittel. Wuteimer können vielfach genutzt werden:

- Der Wuteimer eignet sich als Trommel: Mit Stöcken oder Kochlöffeln kann der umgedrehte Eimer bearbeitet werden.
- Zwei Kinder stellen sich gegenüber auf jeweils einen Eimer. Sie halten zwischen sich ein gespanntes Seil. Auf Ihr Zeichen hin versuchen die Kinder nun, sich gegenseitig vom Eimer zu ziehen.
- Der Eimer eignet sich auch als Brülleimer. Die Kinder stecken ihren Kopf in den Eimer und brüllen, so laut sie können. Das reagiert wunderbar ab.

Ebbe und Flut

Alter:	für alle Altersgruppen geeignet
Mitspieler:	ab 3 Spielern
Spieldauer:	ca. 10 Minuten
Material:	Stühle, Tische, evtl. Bänke

Die Kinder verteilen sich im Gruppenraum. Sie erzählen eine Geschichte (frei oder in Anlehnung an den folgenden Vorschlag, den Sie weiterentwickeln können). Diese wird von den Kindern pantomimisch dargestellt. Kommt in der Geschichte das Wort „Ebbe" vor, müssen sich alle Kinder ganz schnell auf den Boden setzen. Kommt das Wort „Flut" vor, flüchten sie auf einen Stuhl, einen Tisch, eine Bank. Wer zuletzt reagiert, erzählt die Geschichte weiter.

Geschichte: „Wir werden uns jetzt auf einen Ausflug an den Strand begeben. Wir gehen zu zweit, Hand in Hand an den Strand. Alle sind so begeistert von dem großen Sandstrand, dass sie sich gegenseitig mit Sand bewerfen. Nun kratzt, kribbelt und juckt es überall. Wir helfen uns gegenseitig, den Sand wieder abzuklopfen. Plötzlich schreit jemand: „Achtung, die Flut kommt!"

Kissenschlacht

Alter:	ab 4 Jahren
Mitspieler:	ab 2 Kindern
Spieldauer:	ca. 10–15 Minuten
Material:	viele Kissen und Softbälle, Gong

Alle Kinder versorgen sich ausreichend mit „Munition" (z. B. Kissen, Softbälle). Damit dürfen sie sich gegenseitig nach Herzenslust bewerfen. Sinnvoll ist es natürlich, wenn vorher alle Gefahrenquellen aus dem Raum entfernt werden (z. B. Blumenvasen und -töpfe). Nach 5 Minuten erklingt ein Gong, der die Kissenschlacht beendet.

Rodeo

Alter:	ab 4 Jahren
Mitspieler:	ab 2 Kindern
Spieldauer:	ca. 10 Minuten
Material:	für jedes Kinderpaar 1 Matte

Zunächst wird vereinbart, wer zuerst den Stier spielt. Der Stier steht im Vierfüßlerstand auf der Matte. Jetzt setzt sich der Reiter auf den Stier und versucht, trotz seiner wilden Bewegungen, möglichst lange auf ihm sitzen zu bleiben. Der wilde Stier bewegt sich heftig und versucht, den Reiter abzuschütteln. Wenn der Reiter abgeworfen wurde, werden die Rollen getauscht. So können sich Stier und Reiter so richtig austoben.

Strumpfballspiel

Alter:	für alle Altersgruppen geeignet
Mitspieler:	ab 2 Kindern
Spieldauer:	ca. 10 Minuten
Material:	viele Strumpfbälle, evtl. Stöcke

Strumpfbälle sind leicht herzustellen: Stecken Sie jeweils einen weiteren Strumpf in alte Strümpfe.

Mit Strumpfbällen gibt es zahlreiche Spielmöglichkeiten:

- Der Strumpfball wird mit dem Stock durch den Raum geschoben.
- Die Kinder bauen einen Parcours im Gruppenraum auf, durch den der Strumpfball geschoben werden muss. Das kann mit dem Stock oder dem Fuß geschehen.
- Den Strumpfball kann man sich auch gegenseitig zuwerfen, er kann mit verschiedenen Körperteilen transportiert werden und es können damit (ähnlich wie bei den Luftballonspielen) viele Partnerspiele gespielt werden.

Toben entspannt

Kissenschlachten und andere Tobespiele sind für Kinder ein wichtiges Ventil, um Aggressionen ausleben zu können. Schaffen Sie nach Möglichkeit Raum für solche Aktionen. Polstern Sie mit den Kindern einen kleinen Raum oder eine Raumecke mit Matratzen und Kissen so aus, dass beim Toben keine Verletzungsgefahr besteht. Dann werden Sie es anschließend mit total entspannten Kindern zu tun haben.

Treppe rutschen

Alter:	für alle Altersstufen geeignet
Mitspieler:	Mitspieler: 1–4 Kinder
Spieldauer:	ca 5–10 Minuten
Material:	Schaumstoffmatten (alternativ: Matratzen oder große Kissen)

Legen Sie eine Treppe mit Schaumstoffmatten aus. Die Kinder können nun ausprobieren, wie sie die Treppe bewältigen können: rutschend, laufend, krabbelnd, rollend. Vielleicht können sie auch rückwärtsgehen. Oder sie rutschen auf nur einer Matte die Treppe wie beim Rodeln herunter – einzeln oder zu zweit. Lassen Sie die Kinder einfach experimentieren. Sie bieten den Kindern damit eine große Herausforderung, die sie sicher gerne bewältigen werden.

Schuhsalat

Alter:	ab 6 Jahren
Mitspieler:	ab 6 Kindern
Spieldauer:	ca. 10–15 Minuten (je nach Anzahl der Schuharten)
Material:	ein Tuch, Hausschuhe

Alle Kinder ziehen ihre Schuhe aus und legen sie in die Mitte des Raumes auf ein Tuch. Mischen Sie sie dann mit den Kindern kräftig durch. Dann stellen sich alle Kinder in gleicher Entfernung zum Tuch an die Wand. Auf ein Zeichen hin rennen alle zu den Schuhen. Jedes Kind sucht sein Paar heraus und zieht es an. Wer ist zuerst fertig?

Alle unter das Bettlaken

Alter:	ab 4 Jahren
Mitspieler:	für Klein- und Großgruppen
Spieldauer:	ca. 10 Minuten
Material:	ein großes Bettlaken

Zwei ältere Kinder halten ein Bettlaken in Schulterhöhe straff gespannt. Geben Sie an, wer unter einem Laken verschwinden soll, z. B.:
- alle Kinder, die weiße Socken tragen,
- alle Kinder, die Geschwister haben,
- alle Kinder, die alleine ein Lied vorsingen können.

Zauberquatsch

Alter:	ab 4 Jahren
Mitspieler:	ab 3 Kindern
Spieldauer:	ca. 10 Minuten

Die Kinder gehen Quatsch machend durch den Raum. Sie können Grimassen schneiden, sich verrenken, schreien, Kopfstand machen, einen Affen spielen u. v. m. Nach einer Weile rufen Sie laut „Zauberquatsch". Das ist das Zeichen für die Kinder, ihre Bewegung „einzufrieren".

Für das Spielende gibt es zwei Lösungen:

- Sie rufen „*Erlöst*". Somit beginnt das Spiel von Neuem.
- Sie versuchen, die erstarrten Kinder zum Lachen zu bringen. Lacht ein Kind, wird es zum Zauberer und darf in der nächsten Runde „*Zauberquatsch*" rufen.

Manege frei!

Vielleicht besuchen Sie mit den Kindern einen Zirkus? Das ist immer ein ganz besonderes Erlebnis. Danach kann man sich gemeinsam in einem Jonglier- oder Zirkusladen inspirieren lassen. Wie man Zirkusrequisiten selbst herstellen und Zirkusnummern mit Kindern einüben kann, ist in Praxisbüchern für Kindergarten und Schule beschrieben (siehe Literaturangaben). Eine Zirkusaufführung könnte eingeübt und bei einem Fest der Familie vorgeführt werden.

Zirkus-Spiele

Alter:	für alle Altersgruppen geeignet (Übungen altersgerecht auswählen)
Mitspieler:	ab 3 Kindern
Spieldauer:	variabel
Material:	Seidentücher, leere Kartons, Besenstiele, Softbälle, Seile, Reifen, Verkleidung, Requisiten, Schminke

Kinder spielen gerne Zirkus. Lassen Sie sich zu unterschiedlichen Übungen inspirieren. Tanzen, springen und singen Sie, schminken Sie sich und üben Sie zirzensische Nummern ein. Und bleiben sie immer mit den Kindern im Gespräch: „*Was möchtet ihr gerne machen? Habt ihr eine Idee, welche Tiere im Zirkus auftreten? Habt ihr Lust, Jonglierbälle zu basteln?*"

Folgende Vorschläge lassen sich ohne oder mit ein wenig Vorbereitung leicht durchführen:

- Spielen Sie mit den Kindern: Begeben Sie sich in die Rolle des Tigers und lassen Sie sich von einem Kind dressieren. Wechseln Sie auch die Rollen.
- Spielen Sie den dummen August: Albern Sie mit den Kindern zirkusreif herum.
- Bitten Sie die Kinder, auf einem „Hochseil" (Seil auf dem Boden oder umgedrehte Turnbank) zu balancieren. Ermuntern Sie sie, auf dem Seil/der Turnbank rückwärts oder mit verbundenen Augen zu gehen.
- Motivieren Sie die Kinder, einen leeren Karton als Gewicht zu betrachten und damit einen Gewichtheber zu spielen, der enorm schwer unter dem Gewicht zu tragen hat.
- Schon kleine Kinder können lernen, mit zwei oder drei Seidentüchern zu jonglieren. Die Tücher bewegen sich langsam und sind deswegen gut zu fangen.
- Zeigen Sie den Kindern, wie man mit zwei oder drei Bällen jonglieren kann. Einen Jonglierball können Sie ganz schnell basteln: Füllen Sie Strümpfe mit Reis oder stülpen Sie zwei mit Reis gefüllte Luftballonteile übereinander.
- Üben Sie einfache Zauberkunststücke mit den Kindern ein.
- Probieren Sie verschiedene artistische Bodenübungen aus, angefangen beim „Flieger").

Wut abbauen, Ängste überwinden

Erste Hilfe für wütende Kinder

Kinder brauchen manchmal ein Ventil, um wieder zu sich selbst zu finden und sich zu beruhigen. Wenn das Problem nicht allzu groß ist, geschieht dies auch gut über Ablenkung oder eine neue Aufgabe, z. B. durch lustige und fantasievolle Spiele. Spielen Sie allerdings nie die Probleme der Kinder herunter und nehmen Sie sie ernst mit ihrem Problem.

Noppen killen

Alter: für alle Altersgruppen geeignet
Mitspieler: ab 1 Kind
Spieldauer: variabel
Material: Plastiknoppen-Folie und andere Verpackungsmaterialien

Ein wütendes Kind kann sich mit diesem Material zurückziehen und es genüsslich zerreißen, zertreten oder zerdrücken, es zerknüllen und damit herumwerfen. Das macht großen Spaß, weil die Noppen wunderbar knacken, wenn sie z. B. zertreten werden.

Eine Wüterich-Höhle bauen

Alter: für alle Altersgruppen geeignet
Mitspieler: ab 1 Kind (auch für Kleingruppen)
Spieldauer: ca. 30 Minuten
Material: Decken, Tische, Stühle, Kissen, Bettlaken, Kisten, Kordeln, alte Gardinen o. ä.

Der größte Spaß für die Kinder ist es, wenn sie sich eine Höhle bauen dürfen. Das Betreten der Höhle ist Erwachsenen natürlich nur auf Einladung erlaubt. Die Höhle sollte möglichst lange erhalten bleiben, damit sich die Kinder darin regelmäßig zurückziehen können, wenn sie wütend, traurig oder beleidigt sind. In der Höhle dürfen sie maulen, weinen, schimpfen und mit den Kissen um sich werfen.

Der Prügelsack

Alter:	für alle Altersgruppen geeignet
Mitspieler:	ab 1 Kind
Spieldauer:	variabel
Material:	ein Sack, ein Band, viel Schaumstoffmaterial bzw. alte Socken oder Stoffreste

Basteln Sie mit den Kindern Prügelsäcke. Das ist ganz einfach: Sie füllen einen Sack mit Schaumstoff, alten Socken oder Stoffresten, binden den Sack zu und hängen ihn an einen Haken an der Decke oder an einen Baum im Freien. Der Sack kann nun nach Herzenslust geprügelt und geboxt werden. Dabei dürfen die Kinder auch tüchtig schreien, so wie es auch Kampfsportler machen. Gut ist, wenn der Sack verhältnismäßig schwer ist: Dann ist er mit größerer Kraftaufwendung zu bearbeiten, wodurch das Kind seine Wut gut abreagieren kann.

Wut abschütteln

Alter:	für alle Altersgruppen geeignet
Mitspieler:	Mitspieler: ab 1 Kind (oder Kleingruppen)
Spieldauer:	Spieldauer: ca. 10 Minuten
Material:	Material: evtl. CD-Spieler und CD mit lebhafter Musik (z.B. Percussion)

Wenn ein Kind akut sehr wütend ist, bitten Sie es, die Situation zu schildern und sich dabei richtig in Wut zu reden. Dann fordern Sie es dazu auf, seinen ganzen Körper (evtl. zu Musik) auszuschütteln und sich dabei vorzustellen, dass es die Wut dadurch abschüttelt.

Wenn Sie das Spiel mit mehreren Kindern durchführen, bitten Sie diese, sich an Situationen zu erinnern, in denen sie schon einmal wütend waren. Jedes Kind kann seiner Wut dann Luft machen, davon berichten und anschließend kann gemeinsam die Wut abgeschüttelt werden.

Variation: Überlegen Sie gemeinsam, welche Möglichkeiten es gibt, in ähnlichen Situationen so zu reagieren, dass man weder sich, andere Menschen, Tiere oder unerlaubt Dinge schädigt. Im Rollenspiel können Sie mit dem Kind ausprobieren, ob die Ideen realisierbar sind. Tauschen Sie bei solchen Spielen auch immer wieder die Rollen.

Sich in andere hineinversetzen

Es ist wichtig, dass Kinder im Alltag und im Spiel immer wieder üben, sich in die Situation eines anderen Menschen (z. B. ein anderes Kind oder ein Erwachsener) einzufühlen. Umgekehrt tut Erwachsenen der Rollentausch in bestimmten Situationen sicher auch gut. Manche Gefühle oder manches Verhalten wird erst durch einen Perspektivenwechsel verständlich.

Bestimmerspiel

Alter:	ab 5 Jahren
Mitspieler:	für Klein- und Großgruppen
Spieldauer:	2–3 Stunden (je nach Alter und Fähigkeit der Kinder)
Material:	

Nehmen Sie sich einen Vor- oder Nachmittag Zeit und bieten den Kindern einen Rollentausch an. Die Kinder dürfen für ein paar Stunden (je nach Fähigkeit der Kinder) die „Bestimmer" spielen. Sie wiederum müssen sich auf die Wünsche und Spielideen der Kinder einlassen. Die Kinder bestimmen, was gespielt wird, wann gegessen wird und wer den Tisch abräumt. Die Kinder dürfen Sie auch kritisieren, Ihnen kleine Aufträge geben, Sie um Mithilfe bitten. Kinder lieben dieses Spiel, sie können dabei lernen, sich in die Rolle eines Erwachsenen zu versetzen. Das hilft, die Position der Erwachsenen zu verstehen. Außerdem reagieren sich die Kinder ab und amüsieren sich köstlich. Sie müssen sich keine Sorgen machen, dass die Kinder dabei über die Strenge schlagen. Das passiert ganz selten und wenn, dann können Sie natürlich ein Veto einlegen. Klären Sie im Voraus gemeinsame Regeln ab.

Verfolgungskisten

Alter: ab 3 Jahren
Mitspieler: ab 2 Kindern
Spieldauer: ca. 10 Minuten
Material: zwei große Kartons

Zwei Kinder stehen sich gegenüber. Sie stehen in „Verfolgungskisten", die oben und unten geöffnet sind. Die Kisten werden mit beiden Händen festgehalten, damit sie beim Laufen nicht fallen. Mit diesen Kisten ausgestattet, sollen die Kinder sich nun gegenseitig verfolgen und gleichzeitig behindern. Sobald ein Kind die Verfolgungskiste des anderen Kindes berührt hat, ist die Spielrunde beendet.

Ballons treten

Alter: für alle Altersgruppen geeignet
Mitspieler: Mitspieler: ab 2 Kindern
Spieldauer: ca. 5–10 Minuten
Material: mehrere Luftballons und 1 Band pro Kind

Das wütende Kind bekommt mehrere aufgeblasene, zugeknotete Luftballons und die Aufgabe, möglichst viele der Ballons zu zertreten. Das ist nicht ganz einfach, es erfordert Geschick und Kraft. Sie können die Aufgabe erleichtern, indem Sie die Ballons an lange Bänder knoten und diese am Fußgelenk des Kindes befestigen. So können die Ballons nicht zu weit entwischen. Auf diese Art und Weise können sich die Kinder abreagieren. Bei diesem Spiel wechseln die Kinder auch gerne einmal den Partner.

Variation: Es geht auch ohne Luftballons: Zwei Kinder, die Socken an den Füßen tragen, halten sich an den Händen und versuchen, sich gegenseitig auf die Füße zu treten. Wer drei Treffer gelandet hat, hat gewonnen.

Zauberspiel

Alter: für alle Altersgruppen geeignet
Mitspieler: ab 6 Kindern
Spieldauer: ca 5–10 Minuten
Material: einen Holzstab als Zauberstab

Ein Kind spielt den Zauberer. Es hat einen Zauberstab in der Hand und versucht, damit die anderen Kinder zu berühren. Wer berührt wurde, bleibt versteinert stehen. Stehen alle Kinder still, übernimmt das zuletzt berührte Kind den Zauberstab und das Spiel beginnt von Neuem.

Kurzrollenspiele

Alter: für alle Altersgruppen geeignet
Mitspieler: für Klein- und Großgruppen
Spieldauer: 20–30 Minuten
Material: CD-Spieler, lebhafte Musik

Räumen Sie mit den Kindern im Zimmer etwas Platz frei. Stellen Sie Musik an und geben Sie den Kindern folgende pantomimisch durchzuführende Spielanweisungen:
- Auto fahren oder als Düsenjäger durch den Raum fliegen,
- durch den Raum gehen und sich gegenseitig verschiedene Begrüßungen anbieten,
- wie Indianer durch den Raum schleichen,
- etwas Schweres transportieren (z. B. eine große Glasscheibe oder eine Kiste),
- wie eine uralte Frau durch den Raum gehen,
- über viele große Pfützen springen,
- sich durch einen dichten Urwald kämpfen,
- einen störrischen Hund hinter sich herziehen,
- über eine klebrige Teerstraße gehen,
- rückwärts auf einer gedachten Linie gehen.

Handpuppenspiel

Alter:	für alle Altersgruppen geeignet
Mitspieler:	1 oder 2 Kinder
Spieldauer:	ca. 15 Minuten
Material:	Handpuppen, evtl. Bauklötze für den Turmbau

Sie nehmen zwei Handpuppen und beginnen ein Spiel, indem die beiden Puppen einen Streit miteinander entwickeln. An geeigneter Stelle bitten Sie die Kinder, die Szene weiterzuspielen. Lassen Sie die Kinder verschiedene Ideen zur Lösung spielen, damit sie erkennen, dass es immer mehrere Lösungen für ein Problem gibt.

Beispiel: Hanna baut einen Turm. Timo will mitspielen und fängt einen Streit an.

Mögliche Lösungen:
- Sie beschließen, den Turm gemeinsam weiterzubauen.
- Sie räumen auf und wählen ein anderes Spiel, das beiden Spaß macht.
- Timo bekommt die Bauklötze von Hanna nach 10 Minuten.
- Die beiden rufen ihre Mutter, die den Streit schlichtet.

Besprechen Sie gemeinsam, welche Lösung die Kinder gut finden und warum.

Wenn die Kinder kleine Wüteriche sind

Manchmal werden die Kinder zu kleinen „Wüterichen". In solchen Fällen ist Reden häufig völlig sinnlos. Die Kinder brauchen ein Ventil, damit sie sich wieder beruhigen können. Das ist völlig normal, sie müssen ja erst lernen, mit ihren Gefühlen umzugehen. Zornausbrüche können wie ein reinigendes Gewitter wirken. Wenn Sie den Kindern die Möglichkeit zum Schreien, Toben, Boxen, fairen Streiten bieten, ermöglichen Sie den Abbau von Spannungen und helfen den Kindern, sich auszugleichen.

Wut-weg-Schreien

Alter:	für alle Altersgruppen geeignet
Mitspieler:	ab 1 Kind
Spieldauer:	ca. 5 Minuten (je nach gewähltem Ort auch länger)

Sollte ein Kind ganz überraschend von einer großen Wut gepackt werden, schaffen Sie eine Möglichkeit, dass es diese Wut herausschreien kann. Gehen Sie mit dem Kind (oder vielleicht mit mehreren unruhigen Kindern) in den Garten oder einen anderen Ort, an dem es keine Zuhörer und Zuschauer gibt, und schreien Sie gemeinsam Ihre Wut heraus. Dabei dürfen die Kinder so laut werden, wie sie nur wollen und sie dürfen auch Wörter benutzen, die sonst nicht erlaubt sind.

Schimpfworte ausdenken

Alter:	für alle Altersgruppen geeignet
Mitspieler:	ab 1 Kind
Spieldauer:	ca. 10 Minuten
Material:	eine Puppe

Das wütende Kind setzt sich mit einer großen Puppe in ein separates Zimmer. Hier darf die Puppe nach Herzenslust beschimpft werden. Sie können das Spiel erschweren, indem Sie das Kind auffordern, nur selbst ausgedachte Schimpfworte, die nicht ausfällig sind, zu benutzen.

Variation: Alle Kinder der Gruppe denken sich Schimpfworte aus: *„Wer kennt die Lustigsten? Welche sind überhaupt erlaubt? In welcher Situation? Welche darf man öffentlich nicht benutzen? Wie geht es mir, wenn ich so beschimpft werde?"*

Kreisrennen

Alter: ab 5 Jahren
Mitspieler: ab 6 Kindern
Spieldauer: ca. 10 Minuten

Die Kinder stellen sich so hintereinander im Kreis auf, dass sie dabei jeweils auf den Rücken des vor ihnen stehenden Kindes schauen. Der Abstand der Kinder voneinander beträgt etwa 2 Meter. Sie geben ein Startzeichen und nun laufen alle hintereinander her und versuchen, ihrem Vordermann auf den Rücken zu klatschen. Wer einen Rückenklatsch erhalten hat, geht in die Hocke und behindert so die anderen Kinder in ihrem Lauf. Das Spiel wird beendet, wenn sich etwa die Hälfte der Kinder in der Hocke befindet (denn dann macht das Weiterspielen meist keinen Spaß mehr) oder wenn etwa 5 Minuten vergangen sind. Aber auch das hängt von der Kondition der Kinder ab, manche haben auch nach 5 Minuten noch Spaß und Power.

Variation: Auf Ihr Signal hin kann auch die Laufrichtung verändert werden. Das ist eine erschwerte Variante für etwas ältere Kinder.

Grimassen schneiden

Alter: für alle Altersgruppen geeignet
Mitspieler: ab 2 Kindern
Spieldauer: ca. 5 Minuten
Material: ein großer Wandspiegel oder 1 Handspiegel pro Kind

Die Kinder stellen sich vor einen Spiegel oder bekommen einen Handspiegel in die Hand. Nun dürfen sie möglichst schreckliche und wilde Grimassen schneiden. Wahrscheinlich wird es großes Gelächter geben. Damit Sie und die Kinder später noch etwas von dem Spaß haben, sollten Sie ein paar Fotos machen. Die machen sich dann z. B. auch im Portfolio der Kinder gut.

Die Wut-Geschichte

Alter: ab 4 Jahren
Mitspieler: ab 4 Kindern
Spieldauer: ca. 15 Minuten
Material: ein Wollknäuel, bestehend aus vielen einzelnen, verschieden langen Fäden

Setzen Sie sich mit den Kindern in einen Kreis. Geben Sie einem Kind das vorbereitete Wollknäuel, das aus vielen unterschiedlich langen Fäden besteht. Jetzt wickelt immer ein Kind nach dem anderen einen Faden ab und erzählt dabei, solange es wickelt, eine Wutgeschichte. Ist ein Faden abgewickelt, bekommt das nächste Kind das Knäuel und entwickelt die Geschichte weiter oder erfindet eine neue.

Sie sollten das Spiel beginnen und könnten die Geschichte so starten: *„Neulich, als wir auf dem Weg zu Oma und Opa waren, lief einfach alles schief. Papa konnte seinen Autoschlüssel nicht finden, Paul maulte rum, weil er sowieso nicht zu Oma und Opa wollte und dann klingelte auch noch das Telefon. Ich fand das gar nicht witzig. Und als dann auch noch einer über das Frühstück gemeckert hat, ist mir der Kragen geplatzt ...“*

Was wäre wenn ...

Alter: für alle Altersgruppen geeignet
Mitspieler: ab 4 Kindern
Spieldauer: ca. 10–15 Minuten

Sie sitzen mit den Kindern im Kreis und konfrontieren sie mit provozierenden Sätzen. Die Kinder sollen versuchen, auf die einzelnen Sätze jeweils eine Entgegnung zu finden: „Was wäre, wenn ...

- *... alle deine Freunde von mir ein Eis spendiert bekommen, nur du nicht?*
- *... du den ganzen Tag lang deinen Lieblingspullover suchst, ihn nicht findest und niemand dir beim Suchen helfen will?*
- *... dein/e Bruder/Schwester behauptet, du hättest ihre/seine Süßigkeiten stibitzt?*
- *... dein bester Freund dich nicht zum Geburtstag einlädt?*
- *... Nele den Christian schlägt und du danebenstehst?*

- ... *du nicht in den Kindergarten gehen kannst, weil du eine langweilige Tante besuchen sollst?*
- ... *dir dein Freund erzählt, dass er im Supermarkt geklaut hat?*
- ... *dein Vater ein altes Spielzeug von dir, an dem du aber noch sehr hängst, an deinen kleinen Cousin verschenkt?*
- ... *du auf deine Schwester aufpassen sollst, du aber Fußball spielen magst?"*

Wettermassage

Alter: für alle Altergruppen geeignet
Mitspieler: ab 2 Kindern
Spieldauer: ca. 5 Minuten

Zwei Kinder stehen hintereinander oder alle Kinder bilden
einen Kreis. Dabei hat jedes
Kind einen Rücken eines anderen Kindes vor sich. Bitten Sie die
Kinder, sie auf eine Phantasiereise zu begleiten. Entführen Sie sie aus
dem Raum, über die Straße, den gewohnten Weg hinaus in einen nahen
Wald, Park oder Garten. Sie erzählen dabei, welche unterschiedlichen
Wetterbedingungen gerade auftauchen und die Kinder machen die entsprechenden Bewegungen dazu.

- Es regnet: leichtes Fingerklopfen auf dem Rücken.
- Es hagelt: etwas fester klopfen.
- Die Sonne scheint: leicht mit beiden Handflächen über den Rücken
  reiben.
- Es donnert: leichte Faustschläge.

Überlegen Sie gemeinsam mit den Kindern, welche Wetterstimmungen
und Bewegungen noch möglich sind.

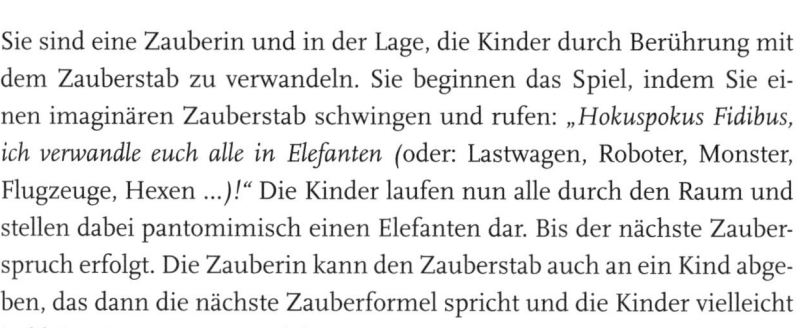

Verzaubern

Alter:	für alle Altersgruppen geeignet
Mitspieler:	ab 4 Kindern
Spieldauer:	ein Holzstab als Zauberstab

Sie sind eine Zauberin und in der Lage, die Kinder durch Berührung mit dem Zauberstab zu verwandeln. Sie beginnen das Spiel, indem Sie einen imaginären Zauberstab schwingen und rufen: *„Hokuspokus Fidibus, ich verwandle euch alle in Elefanten (*oder: Lastwagen, Roboter, Monster, Flugzeuge, Hexen ...)!*"* Die Kinder laufen nun alle durch den Raum und stellen dabei pantomimisch einen Elefanten dar. Bis der nächste Zauberspruch erfolgt. Die Zauberin kann den Zauberstab auch an ein Kind abgeben, das dann die nächste Zauberformel spricht und die Kinder vielleicht in kleine Monster verwandelt.

Berühren verboten

Alter:	ab 3 Jahren
Mitspieler:	für Kleingruppen
Spieldauer:	ca. 10 Minuten
Material:	evtl. ein Seil

Alle Kinder bewegen sich im eigenen Tempo durch den gesamten Raum. Sie dürfen nicht stehen bleiben und dürfen sich auf keinen Fall berühren. Nach kurzer Zeit (etwa 3–5 Minuten) verkleinern Sie das Spielfeld (evtl. mit einem Seil) und starten dann neu. So geht es ein paar Runden weiter. Berührt ein Kind ein anderes, wird das Spiel beendet. Wie klein war das Spielfeld, als es zur ersten Berührung kam?

Wut-weg-
Beschäftigungen

Alter:	für alle Altersgruppen geeignet
Mitspieler:	ab 1 Kind
Spieldauer:	variabel
Material:	Wandfarbe oder Farbsprühdosen, Hauswand oder altes Auto, Schatzkiste mit Inhalt, Schatzkarte, alles, was die Abstellkammer an Sperrmüll bietet (z. B. alter Wecker, Radio oder Schreibmaschine, Ton, Speckstein, Ytong-stein, Balsaholz, Werkzeug wie Hammer, Messer, Sägen, Raspeln, geeignete Arbeitstische und -Unterlagen)

Vorschläge für Wut-weg-Beschäftigungen:

- Fordern Sie die Kinder zu einem sportlichen Wettkampf (z. B. einen Wettlauf) auf.
- Machen Sie Ausflüge und interessante Spaziergänge. Zeigen Sie dabei Geduld und bleiben Sie mit den Kindern bei jedem Stein oder Krab-beltier stehen. Vielleicht fallen Ihnen dazu lustige und abenteuerliche Geschichten ein.
- Bemalen oder besprühen Sie gemeinsam eine Hauswand, ein altes Auto oder eine andere große Fläche, die nicht benötigt wird.
- Lassen Sie die Kinder Tiere nachahmen (z. B. als wilder Tiger durch das Gehege rennen, wie ein ängstlicher Vogel flattern, wie ein Elefant trampeln und trompeten, wie ein Känguru hüpfen).
- Verstecken oder verbuddeln Sie im Freien einen Schatz, nach dem die Kinder (evtl. mit Schatzkarte) suchen oder graben können.
- Nehmen Sie das wütende Kind in den Arm, halten Sie es ganz fest und bitten Sie es, sich mit aller Kraft aus der Umarmung zu befreien.
- Laden Sie die Kinder zu einem Sperrmülltag ein. Misten Sie z. B. ge-meinsam die Abstellkammer aus, schauen Sie nach, ob sich etwas In-teressantes findet, das zu einem Kunstwerk umfunktioniert oder an-derweitig verwendet werden kann.
- Geben Sie unruhigen Kindern einen alten Wecker, ein ausgedientes Radio oder eine alte Schreibmaschine. Etwas, das sonst auf dem Sperr-müll gelandet wäre. Die Kinder können die Teile auseinander- und wieder zusammenbauen, sie mit einem Hammer zertrümmern oder etwas Neues daraus entwickeln.

- Besorgen Sie im Bastelladen einen Speckstein oder vom Bau eines Bekannten einen Ytongstein. Auch Balsaholz ist geeignet. Nun brauchen Sie nur noch ein paar einfache Werkzeuge (Messer, Sägen, Raspeln) und schon kann eine interessante und herausfordernde Tätigkeit beginnen. Die Kinder können sich durch die körperlich anstrengende und gleichzeitig kreative Tätigkeit abreagieren.
- Lassen Sie die Kinder mit Ton experimentieren und arbeiten. Ton lässt sich schlagen, kneten, formen, auf den Tisch klatschen, zerreißen und vieles mehr. Ihr Kind soll keine Kunstwerke herstellen, die taktile Beschäftigung mit dem Material soll dem Kind helfen, zur Ruhe zu kommen. Haben sich die Kinder abreagiert, bekommen sie vielleicht von sich aus noch Lust, sich kreativ zu betätigen.
- Erzählen Sie den Kindern eine spannende Geschichte.
- Unternehmen Sie mit den Kindern eine Nachtwanderung mit anschließendem Lagerfeuer, übernachten Sie mit ihnen im Freien und betrachten Sie gemeinsam den Sternenhimmel.

Selbstsicherheit gewinnen

Wilde Spiele und Selbsteinschätzung

„Wilde" Spiele sind besonders wichtig für Kinder, die in ihrer Bewegungsfreiheit tagsüber – z. B. durch das Stillsitzen in der Schule – sehr eingeschränkt sind. Durch vielfältige Bewegungsanreize können sich die Kinder wunderbar abreagieren. Sie testen ihre Fähigkeiten und Grenzen aus, messen sich mit anderen Kindern, lernen sich selbst einzuschätzen und entwickeln Selbstsicherheit. Bevor Sie diese Spiele durchführen, besprechen Sie mit den Kindern, dass man auch bei wilden Spielen achtsam miteinander umgehen muss. Eine klare Absprache über Spielregeln ist unabdingbar.

Seilziehen einmal anders

Alter:	ab 4 Jahren
Mitspieler:	ab 3 Kindern
Spieldauer:	ca. 5 Minuten
Material:	ein etwa 5 m langes Seil (Stärke 2), für jedes Kind einen Markierungspunkt (Stein, Stock oder ein Kleidungsstück)

Das Seil wird zusammengeknotet. Die Mitspieler stellen sich in den Seilkranz, der auf ihren Hüften liegt und gespannt ist. Etwa einen Meter hinter jedem Mitspieler liegt ein Markierungszeichen. Durch entsprechendes Ziehen sollen nun alle drei Kinder versuchen, ihren Markierungspunkt zu erreichen.

Das Fast-Food-Spiel

Alter:	ab 5 Jahren
Mitspieler:	ab 9 Kindern
Spieldauer:	ca. 10 Minuten
Material:	evtl. einen Gong

Dieses Spiel sollte am Besten auf einem Rasenplatz gespielt werden. Grenzen Sie auf diesem ein Spielfeld ein. Dann erklären Sie den Kindern die Spielkommandos, die von den Kindern auf Ihren Zuruf hin ausgeführt werden sollen:
Spielkommandos:
- Hamburger = zwei Kinder legen sich aufeinander,
- Pommes frites = alle Kinder stehen ganz dicht aneinander gedrängt in der Spielfeldmitte,
- Big Mac = drei Kinder liegen aufeinander,
- Popcorn = die Kinder hüpfen wild auf dem Spielfeld herum.

Nun beginnt das Spiel. Die Kinder bewegen sich frei im Spielfeld. Sie geben (evtl. nach einem Gongzeichen) ein bestimmtes Kommando, das von den Kindern ausgeführt wird.

Bewegung gleicht aus

Ein ausgeglichenes, sportlich bewegtes Kind entwickelt weniger Aggressionen als ein Kind, das unter Bewegungsmangel leidet. Das Fast-Food-Spiel wird auch von Bewegungsmuffeln gerne gespielt, weil es eine moderne Sprache spricht und witzig ist.

Bis hierher und nicht weiter

Alter: ab 5 Jahren
Mitspieler: für Klein- und Großgruppen
Spieldauer: ca. 10 Minuten

Zwei Kindergruppen oder mehrere Paare stehen in großer Entfernung voreinander. Sie bekommen die Aufgabe, langsam und Drohgebärden machend, aufeinander zuzugehen. Sobald einem Kind die Distanz zu gering und es ihm unangenehm wird, bleibt es stehen und hebt die Hand. Dies signalisiert dem gegenüberstehenden Kind, dass es stehenbleiben muss.

Wenn alle Kinder stehen, wird der Abstand betrachtet und ein Gespräch mit den Kindern geführt:

- *„Wie hast du dich gefühlt, als die anderen Kinder drohend auf dich zukamen?*
- *Wie war es für dich, selbst zu drohen?*
- *Wie nah dürfen andere Menschen an dich herantreten?*
- *Wer darf sehr nah an dich herantreten?*
- *Zu welchen Menschen hältst du lieber Abstand?"*

Wut-Ball

Alter:	ab 4 Jahren
Mitspieler:	ab 6 Kindern
Spieldauer:	ca. 10 Minuten
Material:	ein Softball

Alle Kinder stehen im Kreis. Ein Kind erhält einen Softball und formuliert einen Satz, der etwas mit seinem Verhalten bei Wut zu tun hat, z. B. : *„Ich kann furchtbar wütend werden, wenn ..."* Dann wirft es den Ball einem anderen Kind zu, das ebenfalls einen „Wutsatz" formuliert: *„Wenn ich wütend werde, dann ..."* Nehmen Sie sich, nachdem alle Kinder etwas über ihre Wut gesagt haben, etwas Zeit, um über das Spiel zu sprechen. Jetzt geht es vielleicht auch ohne die Hilfe des Softballs. Vielleicht kommen die Kinder dabei auch schon zu einer Lösung, wie sie mit ihrer Wut in bestimmten Situationen umgehen können.

Gesunden Kampfgeist entwickeln

Temporeiche Spiele fördern einerseits den Wettkampf, andererseits fordern sie auch zu solidarischem Verhalten auf. Da Kinder häufig Konkurrenz und Leistungsdruck erleben, tun ihnen Spiele gut, die gegenseitige Unterstützung fördern.

Umarmungs-Ticker

Alter:	für alle Altersgruppen geeignet
Mitspieler:	für Klein- und Großgruppen
Spieldauer:	ca. 10 Minuten

Alle Kinder laufen in einem abgegrenzten Gelände umher. Ein Kind spielt den Fänger oder „Ticker". Das „getickte" Kind erstarrt in seiner Bewegung. Es wird erst erlöst, wenn es einem Kind gelingt, das erstarrte Kind zu umarmen. Das Spielende sollte spätestens nach 10 Minuten erfolgen, wenn die Kinder zwar erschöpft sind, aber das Spiel noch Spaß macht.

Das besondere Tickerspiel

Alter: ab 5 Jahren
Mitspieler: ab 5 Kindern
Spieldauer: ca. 10 Minuten

Ein Kind übernimmt die Rolle des „Tickers". Es hat die Aufgabe, möglichst viele Kinder zu berühren (zu „tickern"). Das Besondere an dem Spiel ist, dass die getickerten Kinder ihre Hände an die Stelle des Körpers legen müssen, an der sie vom Ticker berührt wurden. Das schränkt die Bewegungsfreiheit ein, gibt dem Spiel aber auch eine witzige Note. Der Ticker bemüht sich natürlich, an ganz besonderen Stellen zu tickern.

Boffern

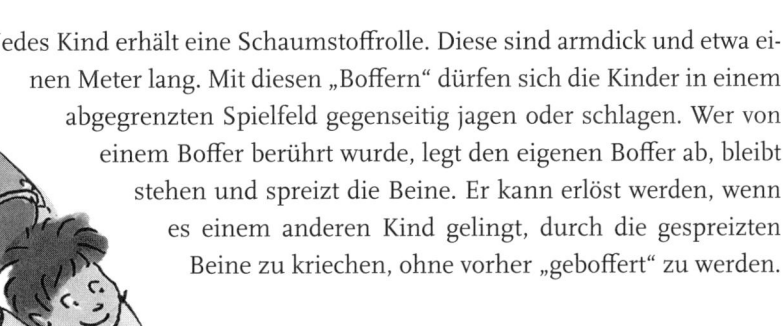

Alter: für alle Altersgruppen geeignet
Mitspieler: ab 2 Kindern
Spieldauer: ca. 5–10 Minuten
Material: Schaumstoffrollen (z. B. Schwimmhilfen aus Sportgeschäften)

Jedes Kind erhält eine Schaumstoffrolle. Diese sind armdick und etwa einen Meter lang. Mit diesen „Boffern" dürfen sich die Kinder in einem abgegrenzten Spielfeld gegenseitig jagen oder schlagen. Wer von einem Boffer berührt wurde, legt den eigenen Boffer ab, bleibt stehen und spreizt die Beine. Er kann erlöst werden, wenn es einem anderen Kind gelingt, durch die gespreizten Beine zu kriechen, ohne vorher „geboffert" zu werden.

Bei Augenbinden beachten

Wer einer möglichen Infektionsgefahr von Augenkrankheiten vorbeugen möchte, kann bei Spielen mit Augenbinden in diese jeweils ein neues Taschentuch einlegen.

Blinder Floh

Alter:	ab 5 Jahren
Mitspieler:	ab ca. 6 Kindern
Spieldauer:	ca. 10 Minuten
Material:	eine Augenbinde und mehrere Taschentücher

Alle Kinder sind Flöhe und dürfen sich nur hüpfend fortbewegen! Einem Kind werden die Augen verbunden, es ist der Flohfänger. Die Flöhe haben 10 Sprünge frei. Nur der Flohfänger darf so oft hüpfen, wie er will. Wer seine 10 Sprünge aufgebraucht hat, kann sich nicht mehr fortbewegen und ist leichte Beute für den Flohfänger. Wer zuerst gefangen wurde, ist der nächste Fänger.

Paukentanz

Alter:	ab 5 Jahren
Mitspieler:	ab 8 Kindern
Spieldauer:	ca. 10 Minuten
Material:	Pauke und Schlegel (oder Handtrommel)

Alle Kinder stehen in der Mitte des Spielfeldes, ein Kind steht außerhalb mit einer Pauke. Mit dieser dirigiert es die anderen Kinder: Solange das Kind trommelt, rennen alle Kinder Richtung Spielfeldrand. Sobald kein Trommeln mehr zu hören ist, drehen sich die Kinder um und rennen wieder zur Spielfeldmitte.

Erreicht ein Kind trotzdem den Spielfeldrand, darf dieses die Pauke übernehmen und selbst „Chefspieler" werden. Wichtig ist, die Rolle des trommelnden Kindes gut zu erklären. Sie bietet die Möglichkeit, spielerisch eine führende Rolle zu übernehmen.

Enten jagen

Alter: ab 5 Jahren
Mitspieler: ab 6 Kindern
Spieldauer: ca. 10 Minuten

Ein Kind übernimmt die Rolle des Fuchses. Wenn Sie das Spiel mit einer großen Kindergruppe spielen, kann es auch zwei Füchse geben. Ein weiteres Kind schlüpft in die Rolle der Entenmutter. Alle anderen Kinder sind die Entenkinder, die sich an der Entenmutter festhalten und sich hinter ihr verstecken. Der Fuchs muss das letzte Küken in der Reihe fangen (berühren reicht aus). Die Entenmutter versucht, den Fuchs daran zu hindern. Gelingt es dem Fuchs, das letzte Küken zu fangen, wird er Entenmutter, während das letzte Küken der Reihe zum neuen Fuchs wird.

Raupenschwanz fangen

Alter: ab 4 Jahren
Mitspieler: Mitspieler: ab 8 Kindern
Spieldauer: Spieldauer: ca. 10 Minuten

Die Kinder stehen hintereinander, halten sich an den Hüften fest und bilden so eine Raupe. Der Raupenkopf bestimmt das Tempo und hat außerdem die Aufgabe, seinen eigenen Schwanz zu fangen. Ist ihm das gelungen, wechselt das letzte Kind seine Position. Es stellt sich an den Anfang und wird nun zum neuen Raupenkopf.

Neue Fähigkeiten und Grenzen entdecken

Bei Wettkämpfen und Olympiaden erfahren die Kinder etwas über ihre Leistungsfähigkeit. Sie lernen Grenzen kennen, entwickeln aber auch Mut und Ehrgeiz. Neue Fähigkeiten werden entdeckt, die vorher vielleicht noch nicht sichtbar waren. Das schafft Selbstvertrauen. Außerdem sind die Spiele sehr lustig, das erleichtert das Akzeptieren des Verlierens. Auch weniger sportliche Kinder werden bei diesen Spielen Erfolgserlebnisse und Spaß haben.

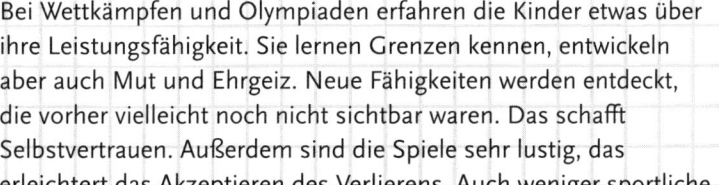

Nonsens Olympiade

Alter:	ab 3 Jahren
Mitspieler:	Mitspieler: ab 3 Kindern
Spieldauer:	Spieldauer: ca. 45 Minuten
Material:	Material: Seile, Kirschkerne, große Gummistiefel, Teebeutel, Regenschirme, Schubkarren, bunte Bänder, kleine Bälle

Planen Sie mit den Kindern eine ganz ungewöhnliche Olympiade – eine Nonsens Olympiade! Natürlich muss es auch Urkunden geben.

Folgende „Sportarten" können ausgeführt werden:
- Kirschkern-Weitspucken: Jedes Kind erhält 3 Kirschkerne. Wer schafft es, einen davon über die Markierungslinie zu spucken?
- Gummistiefel-Weitwurf: Wer wirft am Weitesten?
- Teebeutel-Weitwurf: Auch hierbei geht es darum, den Teebeutel möglichst weit oder in einen dafür vorgesehenen Behälter zu werfen.
- Rückwärtslaufen: 2–3 Kinder laufen rückwärts um die Wette.
- Schirmwurf: Sie hängen einen aufgespannten Schirm in einen Baum. Die Kinder erhalten 3 kleine Bälle und versuchen, diese in den geöffneten Schirm zu werfen.
- Gummistiefel-Wettlauf: Die Kinder tragen viel zu große Gummistiefel (evtl. der Eltern). Mit diesem Handicap laufen sie um die Wette.
- Schubkarren-Rennen: Hier treten Paare gemeinsam an. Ein Kind sitzt in der Schubkarre, das andere steuert. Sind die Kinder schon etwas älter und mutiger, kann das steuernde Kind auch mit verbundenen Augen laufen und das in der Karre sitzende Kind gibt Anweisungen. Sie können auch Hindernisse aufbauen, die umschifft werden müssen.
- Vierfüßler-Lauf: Mehrere Kinder treten zum Wettlauf gegeneinander an. Sie laufen dabei auf allen „Vieren".

Wäscheklammerspiel

Alter:	ab 5 Jahren
Mitspieler:	ab 8 Kindern
Spieldauer:	ca. 10 Minuten
Material:	pro Kind 4 Wäscheklammern, ein Pfand pro Kind (z. B. ein Armband)

Jedes Kind erhält 4 Wäscheklammern, die es sich irgendwo an der Kleidung befestigt. Ziel ist es, möglichst viele Wäscheklammern zu erbeuten. Jede stibitzte Wäscheklammer wird ebenfalls an der Kleidung befestigt. Es darf aber nur jeweils eine Wäscheklammer vom „Feind" erobert werden. Wer keine Wäscheklammer mehr hat, gibt ein Pfand ab.

Sachensucher-Spiel

Alter:	für alle Altersgruppen geeignet
Mitspieler:	ab 4 Kindern
Spieldauer:	ca. 60 Minuten
Material:	ein Ausstellungstisch, bunte Tücher, Bänder, Dekorationsmaterial

Die Kinder bilden Paare oder kleine Gruppen. Ihre Aufgabe ist es, als „Sachensucher" verschiedene Dinge aufzutreiben (z. B. etwas knallrotes, stacheliges, glitzerndes, komisches, weiches). Die Fundstücke werden natürlich in gebührender Weise ausgestellt und gewürdigt. Sie werden mit den von Ihnen bereitgestellten Materialien dekoriert und zu einer kleinen Ausstellung zusammengestellt. Das macht den Kindern großen Spaß.

Kreative Zusammenarbeit

Dieses Spiel knüpft an die Sammelleidenschaft der Kinder an. Welches Kind geht nicht gerne wie Pippi Langstrumpf als „Sachensucher" durch die Welt. Auch hier kommt es auf die Zusammenarbeit der Kinder an. Sie müssen sich darüber einigen, welche Fundstücke sie mitbringen und sie richten gemeinsam einen Ausstellungstisch her.

Kisten stapeln

Alter:	für alle Altersgruppen geeignet
Mitspieler:	ab 2 Kindern
Spieldauer:	ca. 10 Minuten
Material:	viele unterschiedliche Pappkartons

Die Kinder bauen (alleine, als Paar oder als Team) mit den Kartons einen möglichst hohen und stabilen Turm oder eine Mauer. Es können zwei Kinder gegeneinander spielen. Wer baut den höchsten oder den lustigsten Turm? Kriterien für die Bewertung des Turmbaus werden vorher gemeinsam festgelegt. Die Kinder sollten die Aufgabe mit viel Geschick und Teamgeist lösen.

Wo spielt die Musik?

Alter:	für alle Altersgruppen geeignet
Mitspieler:	ab 3 Kindern
Spieldauer:	ca. 20–30 Minuten
Material:	Rasseln, Tröten, Töpfe und Kochlöffel (alles, was Geräusche macht)

Mehrere Kinder verstecken sich im Außengelände. Gerne wird das Spiel auch im Rahmen eines Waldspaziergangs gespielt. Alle Kinder haben Geräuschinstrumente dabei, mit dem sie ca. alle 2 Minuten spielen. Ein Kind sucht die versteckten Kinder, indem es sich an den Geräuschen orientiert. Sind alle Kinder gefunden, geht ein anderes Kind auf die Suche.

Weiße Socken in die Mitte

Alter:	für alle Altersgruppen geeignet
Mitspieler:	ab 6 Kindern
Spieldauer:	ca. 10 Minuten

Die Kinder bilden einen großen Kreis. Sie (Spielleitung) stehen in der Kreismitte und rufen den Kindern zu, wer zu Ihnen kommen soll.

Beispiele: „Alle Kinder ...
- ... mit weißen Socken,
- ... mit blonden Haaren,
- ... die Schuhe mit Klettverschluss anhaben,
- ... die im Mai Geburtstag haben,
- ... die zwei Geschwister haben,
- ... die noch nie Windpocken gehabt haben,
- ... die gerne Gummibärchen essen,
- ... die ein Haustier haben."

Variation: Bei großen Gruppen können die Kinder aufgefordert werden, sich nach bestimmten Kriterien zu kleinen Gruppen zusammenzufinden. Hierzu können sie sich auf ihrer Suche auch Fragen stellen.

Beispiele: „Sucht Kinder, die alle ...
- ... im gleichen Monat Geburtstag haben,
- ... die gleiche Anzahl Geschwister haben,
- ... die gleiche Schuhgröße haben,
- ... die heute Schmuck tragen."

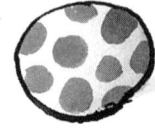

Pass auf den Ball auf!

Alter:	ab 4 Jahren
Mitspieler:	ab 6 Kindern
Spieldauer:	ca. 5–10 Minuten
Material:	Softbälle (je nach Anzahl der Mitspieler), Hautcreme

Alle Kinder stehen im Kreis. In der Mitte des Kreises liegen die Softbälle. Die Bälle werden mit möglichst hohem Tempo kreuz und quer durch den Kreis geworfen oder geschossen. Dabei müssen alle Kinder gut aufpassen, dass kein Ball aus dem Kreis gerät. Verlässt ein Ball den Kreis, bekommt das Kind, das den Ball nicht aufhalten konnte, einen Cremepunkt ins Gesicht getupft. Nach 5 Minuten wird festgestellt, ob es Kinder gibt, die bisher keinen Cremepunkt bekommen haben.

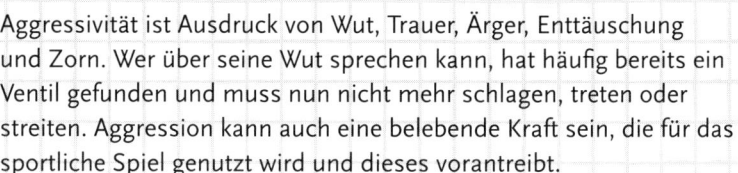

Aggression als belebende Kraft

Aggressivität ist Ausdruck von Wut, Trauer, Ärger, Enttäuschung und Zorn. Wer über seine Wut sprechen kann, hat häufig bereits ein Ventil gefunden und muss nun nicht mehr schlagen, treten oder streiten. Aggression kann auch eine belebende Kraft sein, die für das sportliche Spiel genutzt wird und dieses vorantreibt.

Laubschlacht

Alter:	ab 3 Jahren
Mitspieler:	ab 1 Kind
Spieldauer:	ca. 10–15 Minuten
Material:	ein Laubhaufen im Garten, ein Rechen

Die Kinder dürfen nach Herzenslust im Laub toben. Der Laubhaufen wird mit einem Rechen immer wieder neu aufgeschichtet. Die Kinder können sich darin verstecken, sich mit dem Laub bewerfen oder Laub über sich regnen lassen. Außerdem macht es viel Spaß, einfach durch das Laub zu laufen, das macht tolle Raschelgeräusche!

Schmierseifenrutsche

Alter:	ab 6 Jahren
Mitspieler:	für Klein- und Großgruppen
Spieldauer:	ca. 15 Minuten
Material:	eine lange Bahn Plastikfolie, Schmierseife, evtl. Bade- oder Regenkleidung

An einem kleinen Hang wird eine Folie ausgelegt und mit Schmierseife eingeseift. Dann dürfen die Kinder darauf hinunterrutschen. Das macht viel Spaß, ist aber nicht ganz ungefährlich. Weisen Sie die Kinder auf mögliche Gefahren hin und beaufsichtigen Sie das Spiel.

Seilspringen ohne Seil

Alter:	für alle Altersgruppen geeignet
Mitspieler:	ab 1 Kind
Spieldauer:	ca. 10 Minuten

Die Kinder springen, als hätten sie ein Springseil. Mit diesem imaginären Springseil üben sie jetzt verschiedene Techniken ein. Sie spielen dabei am besten mit und motivieren so die Kinder. Springen Sie erst einmal ganz normal Seil, dann kreuzen Sie die Arme beim Sprung, falten das Seil zusammen oder nehmen es in eine Hand. Führen Sie ruhig ein paar gewagte Kunststücke vor. Die Kinder können auch über ein ganz langes Seil hüpfen, das von Ihnen geschwungen wird. Geben Sie den Kindern viel Raum, sich selbst Sprungtricks auszudenken und vorzuführen.

Action Painting

Alter:	ab 3 Jahren
Mitspieler:	ab 2 Kindern
Spieldauer:	ca. 20 Minuten
Material:	eine Plastikfolie, Rasierschaum oder Kleisterfarbe, Badekleidung

Action Painting wird am Besten im Freien veranstaltet und zwar im Sommer, wenn die Kinder Badesachen anziehen können. Im Außengelände liegt eine Plastikfolie. Darauf dürfen die Kinder mit bloßen Händen und Füßen mit Rasierschaum oder Kleisterfarben malen. Besonders toll sieht der Rasierschaum natürlich auf einer schwarzen Folie aus. Nach einer chaotischen Phase, in der sich die Kinder häufig auch gegenseitig bemalen, werden sie oft sehr kreativ.

Rasierschaumbilder

Alter:	ab 3 Jahren
Mitspieler:	ab 1 Kind
Spieldauer:	ca. 15 Minuten
Material:	eine schwarze Gartenplastikfolie, für jedes Kind eine Sprühdose Rasierschaum

Die Kinder malen alleine oder im Team ein Rasierschaumbild. Sie können die Folie besprühen oder auch die Hände, Finger und Füße zur Vervollständigung des Bildes benutzen. So haben die Kinder Gelegenheit, großflächig zu malen, das Werk immer wieder zu verändern, zu experimentieren. Die Mal-Aktion sowie das Ergebnis könnten Sie auch fotografieren.

Das Spiel am Wegesrand

Alter: für alle Altergruppen geeignet
Mitspieler: für Klein- und Großgruppen
Spieldauer: variabel
Material: eine große Decke oder Plane

Sie nutzen einen Waldspaziergang, um sich als Expeditionsteam durch einen gefährlichen Urwald zu schlagen. Dafür muss es Regeln geben, die Sie vorher gemeinsam absprechen.

Die Expeditionsleitung sagt die jeweiligen Abenteuer an:

- Raubtiere: Alle bringen sich in Sicherheit, klettern auf einen Baum oder verstecken sich hinter einem Busch.
- Wirbelsturm: Alle klammern sich fest aneinander, sodass der Sturm sie nicht wegfegen kann.
- Gewitter: Alle suchen einen Unterschlupf.
- Moskitos: Alle schlüpfen unter eine mitgebrachte Decke oder ziehen sich die Jacken über den Kopf.

Wer sich nicht schnell genug „retten" kann, ruft die nächste Katastrophe aus. Das Spiel kann auch als imaginärer Waldspaziergang im Gruppenraum gespielt werden.

Gartenparcours

Alter:	für alle Altersgruppen geeignet
Mitspieler:	ab 1 Kind
Spieldauer:	ca. 15 Minuten
Material:	ein langes Seil, Augenbinden und evtl. Taschentücher

Stecken Sie im freien Gelände, das möglichst viel Abwechslung bietet (Bäume, Büsche, Hügel, Steine, liegende Baumstämme), einen Parcours ab. Durch diesen Parcours spannen Sie ein Seil, an dem sich die Kinder zum Ziel vortasten. Dabei haben sie die Augen verbunden, gehen sehr langsam und achten auf mögliche Hindernisse. Die Kinder können in kurzen Abständen hintereinandergehen.

Bitte achten Sie darauf, dass:
- Kinder einen Probelauf ohne Tuch vor den Augen absolvieren dürfen,
- Kinder, die das wünschen, von einer Person an der Hand begleitet werden,
- auf alle möglichen Gefahren aufmerksam gemacht wird (langsam gehen, auf Baumwurzeln und andere Stolpersteine achten, nur Dinge anfassen, die sich direkt in Seilnähe befinden, nichts in den Mund stecken),
- ängstliche Kinder motiviert, aber zu nichts überredet werden,
- Kinder die Augen schließen können, wenn sie keine Binde möchten,
- in die Augenbinden jeweils ein Taschentuch gelegt werden kann, um ansteckende Augenkrankheiten zu vermeiden.

Stärken und Grenzen entdecken

Abenteuerliches Kräftemessen

Echte Abenteuer erleben Kinder heute immer seltener. Fernseh- und Computerspielhelden erleben diese stellvertretend für die Kinder. Abenteuerliche Spiele können den Alltag der Kinder sehr bereichern. Hier können sie Spannendes erleben, Dampf ablassen, Kräfte messen und ihre Stärken kennenlernen. Auch das Entdecken der Natur, z. B. bei einer Wanderung im Wald oder auf einen Berg kann zum Abenteuer werden.

Tiger und Gazellen

Alter: ab 4 Jahren
Mitspieler: für Großgruppen
Spieldauer: ca. 10 Minuten

Die Kinder werden in Tiger und Gazellen eingeteilt. Die Tiger stellen sich an den Rand eines begrenzten Spielfeldes, die Gazellen an den entgegengesetzten Rand. Wenn Sie *„Tiger"* rufen, versuchen die Tiger, die Gazellen zu fangen. Rufen Sie *„Gazellen"*, so rennen die Gazellen los, um die Tiger zu fangen. Der Spielfeldrand ist „Freizone", hier darf niemand gefangen werden. Gefangen genommene Gazellen werden zu Tigern und umgekehrt. Das Spiel kann mehrfach wiederholt werden. Die Spielzeit sollte 10 Minuten nicht überschreiten.

Hindernislauf mit Ei

Alter: für alle Altersgruppen geeignet (abhängig vom Schwierigkeitsgrad)
Mitspieler: ab 3 Kindern
Spieldauer: ca. 10 Minuten
Material: ein rohes Ei (oder eine Zitrone), evtl. ein Löffel

Sie bauen mit den Kindern gemeinsam einen Hindernisparcours im Außengelände auf. Die Beteiligung der Kinder beim Aufbau ist sehr wichtig, weil die Kinder am Besten einschätzen können, was sie sich zumuten wollen. Außerdem entwickeln die meisten Kinder mehr Ehrgeiz, eine Aufgabe zu bewältigen, wenn sie sich diese selbst gestellt haben. Ist der Parcours aufgebaut, erhält jedes Kind ein rohes Ei. Mit diesem Ei auf der flachen Hand (ältere und besonders geschickte Kinder können das Ei auch auf einem Löffel balancieren) sollen die Kinder nun die Hindernisse bewältigen und umschiffen, um das Ziel zu erreichen. Das soll in möglichst hohem Tempo geschehen und das Ei soll natürlich ganz bleiben. Wem das zu heikel ist, der verwendet statt des rohen Eies eine Zitrone.

Möglichkeiten und Grenzen erfahren

Im Rahmen der abenteuerlichen Wut-weg-Spiele können die Kinder ihre Grenzen erfahren, Mut entwickeln, Ängste abbauen und Wut kanalisieren. Wer seine Grenzen kennt, gewinnt auch Zuversicht und Sicherheit. Ein Gespräch nach den Spielen über das Erlebte ist sehr wichtig.

Es wird eng

Alter: ab 5 Jahren
Mitspieler: ab 6 Kindern
Spieldauer: ca. 10 Minuten

Die Kinder bilden einen Kreis. Ein Kind, das sich freiwillig gemeldet hat, stellt sich in die Kreismitte. Die im Außenkreis stehenden Kinder gehen nun ganz langsam auf das Kind in der Kreismitte zu – der Kreis wird immer enger. Das Kind in der Kreismitte darf den Arm heben, wenn ihm die Situation zu unangenehm wird. Auf dieses Zeichen hin wird die Bewegung sofort gestoppt und das Kind kann erzählen, wie es sich gefühlt hat. Sie sollten den Kindern auf jeden Fall die Möglichkeit geben, die Situation zu beenden, wenn es zu ungemütlich wird und Sie sollten Gelegenheit geben, über die erlebten Gefühle reden.

Fragen Sie das Kind in der Kreismitte:
„Wie ist es dir ergangen? Gab es etwas, was dir Angst gemacht hat? Hast du so eine Situation schon einmal im wirklichen Leben erlebt? Kannst du etwas aus dieser Situation lernen?"
Die Kinder im Außenkreis sollten auch die Möglichkeit bekommen, sich zum Spiel zu äußern:

Variation: Etwas ältere und mutige Kinder dürfen das Spiel erweitern, indem sie Drohgebärden machen und laut schreien, während sie auf das Kind in der Mitte zugehen.

Flussüberquerung

Alter:	ab 4 Jahren
Mitspieler:	ab 2 Kindern
Spieldauer:	ca. 10 Minuten
Material:	2 Seile, Reifen, Latten, eine Bank

Die Kinder sollen einen imaginären Fluss überqueren (z. B. eine umgedrehte Bank, zwei Seile auf dem Boden, ein Baumstamm im Wald). Dabei müssen sie natürlich geschickt vorgehen. Sie dürfen nicht in den Fluss fallen, dieser ist nämlich voller Krokodile, reißend und sehr gefährlich.

Variante: Zwei Kinder überqueren den Fluss gleichzeitig aus der entgegengesetzten Richtung. Sie müssen geschickt aneinander vorbei balancieren, um nicht in den Fluss zu stürzen.

Abenteuer im Spiel erleben

Kinder lieben besondere Herausforderungen, weil ihnen ihr Alltag solche realen Abenteuer kaum noch bietet. Dabei besitzen Kinder eine ungewöhnliche Aktionslust, sie möchten ihre Kräfte und Ideen einsetzen und entwickeln. Wird ihr Bedürfnis nach hautnahem Erleben nicht befriedigt, sind Kinder leicht unterfordert, was ebenso wie einseitige Reizüberflutung (z. B. durch zu viel Fernsehen) zu Aggressionen führen kann.

Der Krokodilsteich

Alter:	ab 5 Jahren
Mitspieler:	ab 1 Kind
Spieldauer:	ca. 10 Minuten
Material:	ein dickes Seil, ein Eimer, ein Kuscheltier

Für dieses Spiel wird ein freistehender Baum benötigt. An einem Ast wird ein starkes Seil befestigt, das das Gewicht der Kinder trägt. Es muss so verknotet sein, dass die Kinder am Seil schwingen können. Um den Baum herum ziehen Sie einen Kreis von etwa 3 m Durchmesser. Dieser Kreis markiert den Teich, in dem die gefährlichen Krokodile schwimmen – und leider auch ein Kuscheltier.

Das Kuscheltier (im Eimer) muss nun von einem Kind gerettet werden, damit es nicht von den Krokodilen gefressen wird. Schnelle Hilfe ist also angesagt! Die Kinder werden es genießen, eine solch schwierige Aufgabe zu meistern. Sie sollten sich dabei möglichst zurückhalten. Ihre Aufgabe ist es, das Spiel so zu gestalten, dass die Kinder auf jeden Fall ein Erfolgserlebnis bekommen. Das bedeutet, ein altersangemessenes Arrangement treffen, aber keine ungefragte Hilfe bieten. Wer solche Herausforderungen bewältigt, muss seine Stärke vielleicht nicht mehr durch Wutausbrüche unter Beweis stellen.

Schattenkampf

Alter:	ab 4 Jahren
Mitspieler:	1–2 Kinder
Spieldauer:	ca. 10 Minuten
Material:	eine Lampe, ein großes Bettlaken, Reißnägel, weitere Utensilien, z. B. Schwert

Spannen Sie ein großes Betttuch zwischen einen Türrahmen. Stellen Sie eine Lampe etwa 3 m hinter das Tuch. Die Kinder können nun mit dem Schattenspiel experimentieren, z. B. imaginäre Kämpfe durchführen, eindrucksvolle Bewegungen ausprobieren, mit Entfernungen und Effekten spielen, Filmszenen nachahmen usw. Wenn Sie die Möglichkeit haben, können Sie das Schauspiel filmen oder bei passender Gelegenheit vorführen.

Klapperschlangen fangen

Alter: für alle Altersgruppen geeignet
Mitspieler: Mitspieler: für Kleingruppen
Spieldauer: ca. 10 Minuten
Material: für die Hälfte der Kinder jeweils ein Band, an dem mit Steinen oder Erbsen gefüllte Filmdosen befestigt sind, Augenbinden

Die Hälfte der Kinder übernimmt die Rolle der Klapperschlangen. Sie haben das Band mit den „Klapperdosen" um ihre Hüften gebunden. Während des Laufens klappert der Inhalt der Dosen und macht die andere Gruppe der Kinder, die eine Augenbinde tragen, auf sie aufmerksam. Sie sollen die Klapperschlangen fangen und sich dabei nur am Geräusch orientieren.

Auf den Tisch des Hauses

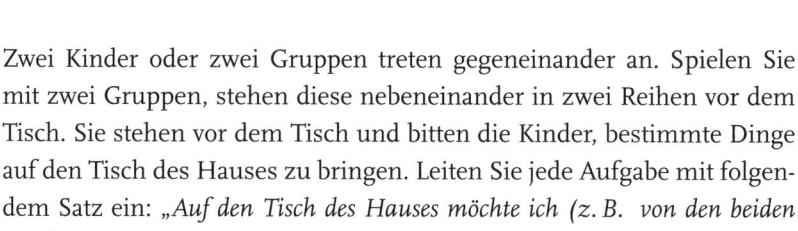

Alter: für alle Altersgruppen geeignet
Mitspieler: ab 2 Kindern
Spieldauer: ca. 20 Minuten
Material: ein Tisch und diverse Dinge, die in Haus und Garten zu finden sind.

Zwei Kinder oder zwei Gruppen treten gegeneinander an. Spielen Sie mit zwei Gruppen, stehen diese nebeneinander in zwei Reihen vor dem Tisch. Sie stehen vor dem Tisch und bitten die Kinder, bestimmte Dinge auf den Tisch des Hauses zu bringen. Leiten Sie jede Aufgabe mit folgendem Satz ein: *„Auf den Tisch des Hauses möchte ich (z. B. von den beiden Kindern mit der Nummer 5 eine Zahnbürste) haben."*

   Die beiden genannten Kinder rennen nun los und schauen, wo sie eine Zahnbürste finden. Dabei dürfen sie sich frei in den vorher abgesprochenen Gebieten bewegen. Orte mit Gefahrenpotenzial, wie der Keller oder eine Werkstatt, sollten Sie je nach Alter und Fähigkeit der Kinder ausschließen.

Folgende Dinge könnten gesucht werden:

- eine Vogelfeder
- einen roten Buntstift
- ein mit Wasser gefülltes Zahnputzglas
- einen Schnürsenkel
- ein (Ahorn-) Blatt
- einen Schlüsselbund
- eine Kasperlepuppe
- ein Papierboot
- einen Zettel mit der Telefonnummer der Feuerwehr
- ein Bilderbuch mit einem bestimmten Thema u. s. w.

Die Aufgabenstellung darf lustig, sollte nicht allzu schwer, aber durchaus eine Herausforderung sein. Wer seinen Gegenstand zuerst auf den Tisch des Hauses gelegt hat, bekommt für seine Gruppe einen Punkt angeschrieben oder einen Stern aufgeklebt. Die Gruppe mit den meisten Punkten bzw. Sternen hat das Spiel gewonnen. Die Sachen werden wieder an Ort und Stelle zurückgebracht.

Variation: Je nach Materialien kann auch ein gemeinsames Kunstwerk gestaltet werden.

Was ist anders?

Alter:	für alle Altersgruppen geeignet
Mitspieler:	ab 1 Kind
Spieldauer:	ca. 20 Minuten
Material:	einige auffällige Utensilien, evtl. Stift und Zettel

Sie haben im Außengelände, im Park oder in einem Waldstück allerlei Dinge unauffällig verändert: einen Stein an eine andere Stelle gelegt, im Sommer ein Osterei in einen Busch gehängt, einen Plastikfrosch auf den Weg gelegt, ein Schild abgenommen oder verkehrt herum aufgehängt. Die Kinder schwärmen nun aus, um herauszufinden, was Sie alles verändert haben. Sie können die Fehler aufschreiben oder -malen oder versuchen, sich die Veränderungen zu merken. Anschließend wird festgestellt, wer die meisten Veränderungen entdeckt hat.

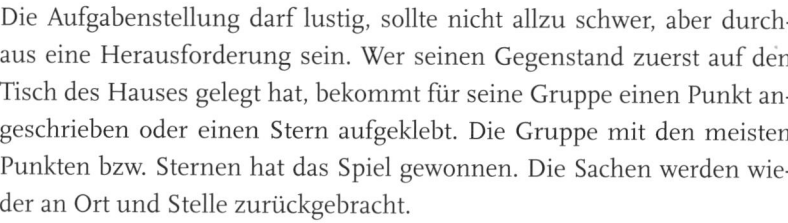

Spiele fordern heraus

Die Kinder erleben, dass das Spiel als solches eine Herausforderung ist und Spaß macht. Jede Herausforderung spornt den Ehrgeiz der Kinder an und fordert sie mit all ihren Sinnen, Fähigkeiten und Ideen heraus. Es spielt für sie dann auch meistens keine große Rolle, wer gewinnt oder verliert.

Entdeckungstour

Alter: für alle Altersgruppen geeignet
Mitspieler: ab 2 Kindern
Spieldauer: ca. 20 Minuten
Material: evtl. eine Augenbinde für jedes Kind und Taschentücher

Zwei Kinder gehen gemeinsam durch das Außengelände. Ein Kind hat die Augen verbunden oder hält sie geschlossen. Der Partner führt das „blinde" Kind vorsichtig an einen frei gewählten Ort, der gerne etwas markant sein darf. An diesem Ort bleiben beide Kinder stehen. Das Kind mit der Augenbinde wird nun aufgefordert, einen Gegenstand (z. B. einen Baum, Busch, großen Stein) mit dem Tast- und Geruchssinn zu erfahren. Vielleicht lassen sich auch Geräusche erzeugen? Nach einer Weile geht es wieder zurück zum Ausgangspunkt. Dort wird die Augenbinde abgenommen und das Kind versucht nun, den Ort und Gegenstand, den es vorhin untersucht hat, ohne Augenbinde und möglichst ohne Hilfe wieder zu finden. Danach werden die Rollen getauscht.

Ein Erfahrungsaustausch kann sich anschließen: War die Aufgabe gut zu bewältigen? Was war einfach? Was war schwer?

Vampire schleichen herum

Alter: ab 5 Jahren
Mitspieler: ab 6 Kindern
Spieldauer: ca. 10 Minuten

Alle gehen mit geschlossenen Augen in einem abgegrenzten Spielfeld umher. Ein Vampir, den Sie unauffällig vorher bestimmt haben, hat sich heimlich unter die Kinder gemischt. Er geht herum und „beißt" (zwickt) seine Opfer in die Schulter. Wer gezwickt wurde, wird nun auch zum Vampir. Das Spiel ist beendet, wenn alle zu Vampiren geworden sind. Dieses Spiel ist bei Kindern sehr beliebt, weil es sehr spannend und lustig ist und einiges Geschick erfordert. Außerdem benötigen die Kinder Mut, weil sie mit geschlossenen Augen unterwegs sind.

   „Beißen" sich aus Versehen zwei Vampire, werden sie wieder zu Menschen.

Der faule Bär

Alter: 3–8 Jahre
Mitspieler: ab 6 Kindern
Spieldauer: ca. 10 Minuten
Material: viele Soft- oder Sockenbälle

Der faule Bär liegt in seiner Höhle und schläft. Manchmal blinzelt er auch vorsichtig und entdeckt dabei, dass sich ein paar freche Kinder anschleichen und ihn ärgern, indem sie z. B. rufen: *„Komm heraus, du fauler Bär, beißen kannst du eh´ nicht mehr!"* Sind die Kinder nah genug herangekommen, stürmt der Bär aus seiner Höhle und bewirft die Kinder mit seinen Wurfgeschossen (Soft- oder Sockenbälle). Wer getroffen wurde, wird nun selbst zum Bär und zieht mit in die Höhle. Das Spiel ist beendet, wenn alle Kinder Bären sind.

Variation: Die Bären müssen einander anfassen und haben darum nur zwei Hände zum Werfen zur Verfügung.

Umziehen

Alter:	3–8 Jahre
Mitspieler:	ab 6 Kindern
Spieldauer:	ca. 10 Minuten
Material:	pro Kind ein Seil oder Reifen

Bis auf ein Kind haben alle Kinder ein Haus, das aus einem Seil gelegt wurde oder aus einem Reifen besteht. Das Kind ohne Haus steht in der Mitte des Spielfeldes und ruft: *„Alle müssen umziehen!"* Nun verlassen alle Kinder ihr Haus und suchen sich ein neues, auch das Kind in der Mitte. Jetzt ist ein anderes Kind übrig und eine neue Spielrunde beginnt.

Faxenland

Alter:	für alle Altersgruppen geeignet
Mitspieler:	ab 6 Kindern
Spieldauer:	ca. 10 Minuten
Material:	Seile oder Reifen, ein Stück Papier und einen Buntstift pro Kind

Die Seile oder Reifen dienen den Kindern jeweils als Land. Dabei gibt es ein Land weniger, als Kinder mitspielen. Die Länder sind ganz besondere Länder: Ein Kind macht sein Land z. B. zum Faxenland, ein anderes wählt ein Hinkebeinland oder ein Land der Affen. Damit jeder weiß, um welches Land es sich handelt, werden entsprechende Symbole mit Buntstift auf das Papier gemalt. Bei einem Probedurchlauf zeigen die Kinder, was in ihrem Land zu tun ist: Im Faxenland werden Faxen gemacht, im Hinkebeinland gehinkt usw. Ein Kind geht dann in die Mitte und ruft: „Länderwechsel!", woraufhin alle Kinder ihr Land wechseln. Da es ein Land zu wenig gibt, wird wieder ein Kind ohne Land sein und in die Mitte gehen.

Variation: Alle Kinder haben ein Land. Sie stehen bei jeder Spielrunde in der Mitte und rufen: *"Ländertausch!"*

Ballmonster

Alter: für alle Altersgruppen geeignet
Mitspieler: ab 6 Kindern
Spieldauer: ca. 10 Minuten
Material: ein Korb und viele Softbälle

Das Ballmonster steht in der Kreismitte vor einem großen Korb, der mit Softbällen gefüllt ist. Das Ballmonster mag aber keine Bälle und wirft sie deswegen alle aus dem Korb. Die anderen Kinder sammeln die Bälle ganz schnell wieder ein und werfen sie in den Korb zurück. Schafft es das Ballmonster, den Korb trotzdem zu leeren? Wenn ja, ist das Spiel zu Ende und ein neues Ballmonster kann sein Glück versuchen.

Weitere „Abenteueraktionen" und Aufgaben für „Große":

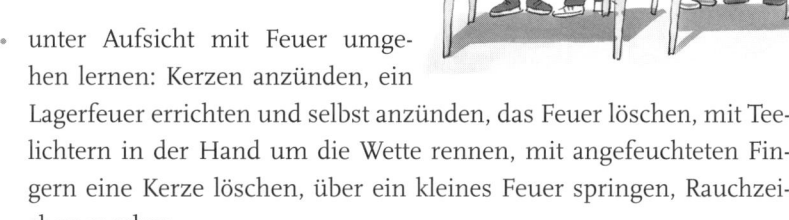

- unter Aufsicht mit Feuer umgehen lernen: Kerzen anzünden, ein Lagerfeuer errichten und selbst anzünden, das Feuer löschen, mit Teelichtern in der Hand um die Wette rennen, mit angefeuchteten Fingern eine Kerze löschen, über ein kleines Feuer springen, Rauchzeichen machen,
- eine Nachwanderung machen,
- ein Stück bei Nacht alleine gehen (z.B. bis zur nächsten Fackel),
- einen Staudamm bauen,
- „Nacht-Verstecken" spielen (für ganz mutige Kinder),
- mit Einkaufszettel und Geldbörse zu zweit einen Einkauf erledigen,
- eine einfache Mahlzeit (z.B. Obstsalat, Quarkspeise) zubereiten und den Tisch festlich decken,
- eine Ausstellung mit eigenen Werken (Fundstücken, Werksachen, selbst gemalten Bildern) gestalten,
- der/dem Spielleiter/in einen Tag assistieren,
- eine Woche lang jeden Tag die Blumen gießen,
- dem Hausmeister beim Rasenmähen helfen u.s.w.

Wettkampf- und Durchsetzungsspiele

Dass Streit entsteht und sich Wut aufbaut, ist ganz normal. Dass man sich dann darüber ärgert, wenn man sich nicht wehren kann, sich nicht schlagen darf und auch keine hässlichen Dinge sagen darf, ist manchmal schwer zu ertragen. Spiele, bei denen all das möglich ist, können entlasten. Wettkampf- und Durchsetzungsspiele sollten Sie den Kindern allerdings erst ab 5 Jahren anbieten.

Schimpfkanonen

Alter: ab 5 Jahren
Mitspieler: ab 3 Kindern
Spieldauer: ca. 5 Minuten

Jedes mitspielende Kind denkt sich eine Situation aus, in der es einmal so richtig wütend geworden ist. Nun darf es seine Wut mit lauten Worten herausposaunen. Wenn Sie ein Startzeichen gegeben haben, legen alle Kinder los. Jedes so laut, wie es kann. Sie sollten vorher klären, ob bestimmte ausfällige Worte nicht benutzt werden dürfen. Beenden Sie das Spiel nach etwa 3 Minuten und reflektieren Sie es mit den Kindern.

Beispielfragen:
- *„Wie fühlst du dich jetzt? Bist du deine Wut losgeworden?*
- *Konntest du hören, was die anderen Kinder geschrien haben?*
- *An was kannst du dich noch erinnern?*
- *Welche Worte magst du nicht?*
- *Gibt es Orte oder Menschen, denen gegenüber man lieber keine dieser Worte benutzen sollte? Wenn ja, warum ist das so? Wie findest du das?"*

Wegschieben

Alter:	ab 5 Jahren
Mitspieler:	2 Kinder oder mehrere Paare
Spieldauer:	ca. 5 Minuten
Material:	evtl. Kreide

Jeweils zwei Kinder stehen sich gegenüber und legen ihre Handflächen in Schulterhöhe aneinander. Sie stellen ein Bein etwas zurück, um den Stand zu sichern. Nun versuchen sie, sich gegenseitig wegzudrücken. Sie können auch eine Linie ziehen. Wird die Linie von einem Kind überschritten, ist das Spiel beendet. Wird es einem Kind zu unangenehm, ruft es „Stopp". Damit ist das Spiel beendet.

Variation: Die Kinder stehen Rücken an Rücken und versuchen, sich gegenseitig zu verschieben.

Aus dem Kreis drücken

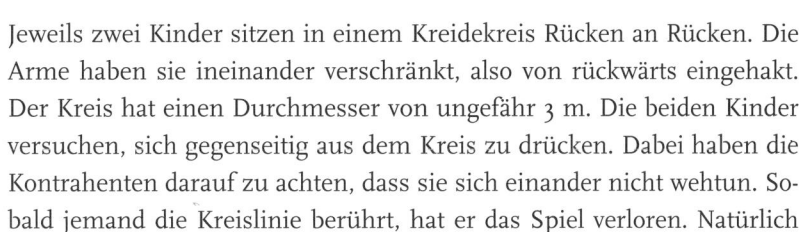

Alter:	ab 5 Jahren
Mitspieler:	2 Kinder oder mehrere Paare
Spieldauer:	ca. 5 Minuten
Material:	ein Stück Kreide

Jeweils zwei Kinder sitzen in einem Kreidekreis Rücken an Rücken. Die Arme haben sie ineinander verschränkt, also von rückwärts eingehakt. Der Kreis hat einen Durchmesser von ungefähr 3 m. Die beiden Kinder versuchen, sich gegenseitig aus dem Kreis zu drücken. Dabei haben die Kontrahenten darauf zu achten, dass sie sich einander nicht wehtun. Sobald jemand die Kreislinie berührt, hat er das Spiel verloren. Natürlich kann eine neue Spielrunde eingeleitet und/oder die Partnerin getauscht werden.

Sockenklauf

Alter:	ab 6 Jahren
Mitspieler:	2 Kinder oder mehrere Paare
Spieldauer:	ca. 5 Minuten

Zwei Kinder sitzen sich in einem Kreis oder auf einer Matte gegenüber. Ihre Aufgabe ist es, sich gegenseitig eine Socke von den Füßen zu ziehen. Bevor das Spiel beginnt, sollten Sie darauf achten, dass die Socken der Kinder relativ locker sitzen (sie sind sonst schwer vom Fuß zu ziehen, notfalls stiften Sie eine Ihrer Socken). Ist eine Socke entwendet, ist das Spiel beendet.

Austoben befreit

Kinder brauchen wilde Spiele, um sich abzureagieren. Im Spiel üben sie einen fairen Zweikampf ein oder lernen, sich in einer Gruppe durchzusetzen. Vor allen Dingen bringen die Spiele einen großen Lustgewinn mit sich, weil dabei ansonsten Verbotenes erlaubt ist. Das Überschreiten von Grenzen, die Möglichkeit, sich ausufernd auszutoben – all das entlastet die Kinder und kann verhindern, dass sich Wut und Aggressionen anstauen.

Wehtun ist verboten!

Bei Spielen, in denen die Kinder ihre Kräfte messen uns sich austoben dürfen, ist es notwendig, vorher klare Regeln zu vereinbaren. Alles, was richtig wehtun könnte, ist nicht erlaubt!

Schwanz abreißen

Alter:	ab 5 Jahren
Mitspieler:	ab 6 Kindern
Spieldauer:	5–10 Minuten
Material:	1 Stück Stoff (alternativ Hals- oder Taschentuch) für jedes Kind

Alle Kinder laufen in einem abgegrenzten Feld umher. Sie haben hinten am Gürtel oder im Hosenbund ein Stück Stoff stecken, ihren Schwanz. Die Aufgabe besteht darin, sich gegenseitig die Schwänze abzureißen und dabei den eigenen möglichst lange zu behalten. Das Spiel wird von Ihnen beendet, wenn Sie merken, dass die Kondition der Kinder nachlässt. In der Regel gilt immer: Das Spiel abbrechen, solange es noch Spaß macht. So behält es seine Attraktivität und die Kinder mögen es gerne immer wieder spielen.

Hahnenkampf

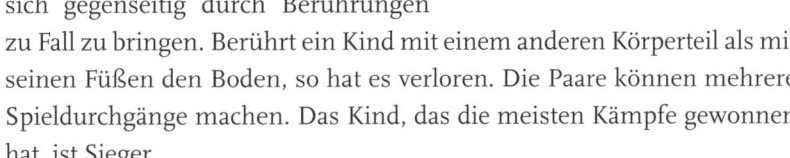

Alter:	ab 5 Jahren
Mitspieler:	2 Kinder oder mehrere Paare
Spieldauer:	ca. 5 Minuten

Zwei etwa gleich kräftige Kinder hocken sich voreinander. Sie versuchen, sich gegenseitig durch Berührungen zu Fall zu bringen. Berührt ein Kind mit einem anderen Körperteil als mit seinen Füßen den Boden, so hat es verloren. Die Paare können mehrere Spieldurchgänge machen. Das Kind, das die meisten Kämpfe gewonnen hat, ist Sieger.

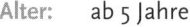

Schmierseifenkampf

Alter:	ab 5 Jahren
Mitspieler:	2 Kinder oder mehrere Paare
Spieldauer:	ca. 15 Minuten
Material:	eine Plastikplane, Schmierseife, Wasser, Badekleidung

Dieses Spiel kann im Sommer im Freien auf einer Rasenfläche gespielt werden. Zwei Kinder sitzen in Badekleidung auf einem Stück Plastikplane, die gemeinsam mit Schmierseife eingerieben wurde. Sie sollen sich gegenseitig von der Plane schieben.

Starke flinke Zehen

Alter:	ab 5 Jahren
Mitspieler:	2 Kinder oder mehrere Paare
Spieldauer:	ca. 5 Minuten
Material:	ein großes, leichtes Tuch

Zwei Kinder sitzen sich barfuß gegenüber. Zwischen Ihnen liegt ein Tuch. Auf Ihr Startzeichen hin greifen die Kinder das Tuch mit den Zehen und versuchen, es auf ihre Seite zu ziehen.

Daumenhahnenkampf

Alter:	ab 5 Jahren
Mitspieler:	2 Kinder oder mehrere Paare
Spieldauer:	ca. 5 Minuten

Zwei Kinder stehen sich gegenüber und geben sich die Hand. Zunächst einmal begrüßen sie sich freundschaftlich. Danach werden die Hände jedoch nicht voneinander gelöst, sondern die Finger ineinander verhakt und die Daumen nach oben abgespreizt. Die beiden Daumen stellen die Hähne dar, die nun einen Ringkampf beginnen. Wer drückt den gegnerischen Hahn zu Boden?

Clownskampf

Alter: ab 4 Jahren
Mitspieler: 2 Kinder oder mehrere Paare
Spieldauer: ca. 10 Minuten
Material: für jedes Kind ein viel zu großes Paar Haus- oder Turnschuhe bzw. Gummi-
               stiefel, Schaumstoffreste (als Schwerter)

Zwei Kinder, die als Clowns verkleidet und durch viel zu große Fußbeklei-
dung in ihrer Bewegungsfreiheit eingeschränkt sind, führen einen lusti-
gen Schaukampf vor. So etwas sieht man sonst nur im Zirkus!

Tanz der Füße

Alter: ab 5 Jahren
Mitspieler: 2 Kinder oder mehrere Paare
Spieldauer: ca. 5 Minuten
Material: rutschfeste Socken mit Noppen

Zwei Kinder stehen sich gegenüber, halten sich an den Händen fest und
versuchen nun, sich gegenseitig auf die Füße zu treten, bzw. zu vermeiden, dass ihnen auf die Füße getreten wird. Damit es für die Füße nicht
zu schmerzhaft wird und kein Kind ins Rutschen gerät, ist es notwendig,
rutschfeste Socken mit Noppen zu tragen.

Stoppt den Eierdieb

Alter:	ab 4 Jahren
Mitspieler:	2 Kinder oder mehrere Paare
Spieldauer:	ca. 10 Minuten
Material:	für jedes Paar einen Tennis- oder Softball

Ein Kind spielt eine Henne, die gerade dabei ist, ein Ei auszubrüten. Das Ei (Tennis- oder Softball) hält sie deswegen zwischen den Beinen, die sie gekreuzt hält. Nun will aber leider ein Habicht das Ei stehlen. Der Habicht (ein anderes Kind) versucht der Henne das Ei zu entreißen, dabei darf er alles tun, was ihr nicht wehtut. Die Henne kann das Ei mit vollem Körpereinsatz schützen.

Ein Spiel für Streitsituationen

„Das Duell" können Kinder mit einem Streitpartner spielen, wenn sie gerade eine Auseinandersetzung hatten und noch Wut im Bauch haben.

Das Duell

Alter:	ab 4 Jahren
Mitspieler:	2 Kinder oder mehrere Paare
Spieldauer:	ca. 5 Minuten

Jeweils zwei Kinder stehen sich gegenüber. Sie dürfen sich gegenseitig kräftig beschimpfen. Allerdings geschieht das völlig lautlos. Die Worte sind nicht zu hören und auch Berührungen sind nicht erlaubt.

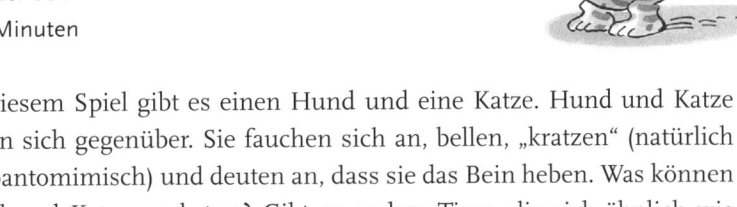

Hund und Katze

Alter: 3–6 Jahre
Mitspieler: 2 Kinder oder mehrere Paare
Spieldauer: ca. 5 Minuten

Bei diesem Spiel gibt es einen Hund und eine Katze. Hund und Katze stehen sich gegenüber. Sie fauchen sich an, bellen, „kratzen" (natürlich nur pantomimisch) und deuten an, dass sie das Bein heben. Was können Hund und Katze noch tun? Gibt es andere Tiere, die sich ähnlich wie Hund und Katze benehmen?

Das Haus bewachen

Alter: für alle Altersgruppen geeignet
Mitspieler: ab 6 Kindern
Spieldauer: ca. 10 Minuten
Material: ein Seil

Ein Kind sitzt mit geschlossenen Augen in einem Kreis. Es bewacht sein Haus (ein Seil, das zu einem Kreis gelegt wurde oder ein in den Sand gezeichneter Kreis). Die anderen Kinder schleichen sich an. Sie versuchen, in das Haus einzudringen. Hört der Wächter des Hauses (das Kind im Kreis), aus welcher Richtung sich jemand anschleicht und zeigt mit dem Finger in die richtige Richtung, ist er erlöst. Nun darf das erwischte Kind den Hauswächter spielen.

Rettet die Burgdame

Alter: ab 4 Jahren
Mitspieler: ab 6 Kindern
Spieldauer: ca. 10 Minuten

Die Kinder spielen in zwei Gruppen. Jede Gruppe hat eine Burgdame gewählt, die in einer Ecke des Gruppenraumes sitzt, und von ihrer Gruppe oder zwei anderen Kindern beschützt wird. Sie entscheiden, welche Gruppe zuerst versuchen darf, die Burgdame der anderen Gruppe zu rauben. Handeln Sie vorab mit den Kindern Regeln aus und bestehen Sie auf deren strikter Einhaltung. Ist die erste Runde beendet, darf die Gegenseite die Burgdame retten. Verboten ist kratzen, beißen, stoßen, kneifen, an den Haaren reißen. Erlaubt hingegen ist drängeln, ziehen, kitzeln ...

Gemeinsam zum Ziel

Spiele ohne Sieger und Verlierer

Die Kinder entdecken bei Spielen ohne Sieger und Verlierer, dass Zusammenarbeit Spaß macht und nützlich ist, weil man so schnell zu einem guten Ergebnis kommen kann. Sie lernen sich gegenseitig zu helfen und andere zu akzeptieren. Mit diesen Spielen machen die Kinder erste Schritte zum Teamplayer.

Waschanlage

Alter:	für alle Altersgruppen geeignet
Mitspieler:	für Klein- und Großgruppen
Spieldauer:	5–10 Minuten

Zwei Kindergruppen bilden eine Gasse. Sie knien dazu voreinander und bilden so eine Autowaschanlage. Jeweils das letzte Kind oder die beiden letzten Kinder der Gasse stellen ein Auto dar. Durch diese Waschanlage fährt dann jedes einzelne „schmutzige Auto". Sie erzählen erst einmal, welch ein Auto sie darstellen, z. B. : „*Ich bin ein alter klappriger Lastwagen*". Dann fahren sie in die Waschanlage und werden dort nach allen Regeln der Kunst bearbeitet: Sie werden eingeseift, geschrubbt, gerubbelt, massiert, trocken gepustet, poliert. An manchen Stellen muss der Schmutz vielleicht auch besonders gründlich abgekratzt werden. Die gesäuberten Autos stellen sich an die Spitze der Reihe und werden wieder zum Teil der Waschanlage. Nun kann das nächste Auto kommen.

Das wandernde Paket

Alter:	ab 5 Jahren
Mitspieler:	für Kleingruppen
Spieldauer:	10 Minuten
Material:	ein Seil

Die Kinder stellen sich eng aneinander. Sie schnüren die Gruppe mit einem Seil zu einem Paket zusammen. Das Seil sollte natürlich nicht zu eng gezogen sein. Das Paket soll nun von einem Spielort zum anderen wandern. Gelingt das, ohne dass ein Kind hinfällt oder sich wehtut?

Alle auf einen Stuhl

Alter:	ab 5 Jahren
Mitspieler:	ab 6 Kindern
Spieldauer:	ca. 5 Minuten
Material:	für je 5 Kinder einen stabilen Stuhl

Die Stühle stehen sicher auf einem
weichen Untergrund (Teppichboden, Gymnastikmatte, Rasen). Aufgabe
der Kinder ist es, so viele Mitspieler wie möglich auf einem Stuhl unter-
zubringen. Die Kinder regeln selbst, wie und mit wem sie ihren Stuhl
besetzen.

Man kann dieses Spiel auch im Freien auf einem geeigneten Stein oder
Baumstumpf durchführen.

Blindlauf

Alter:	ab 5 Jahren
Mitspieler:	für Klein- und Großgruppen
Spieldauer:	5–10 Minuten

Die Gruppe wird geteilt, sodass die Kinder eine Gasse bilden. Dabei stehen sie weit auseinander und schauen sich an. Durch die Gasse dürfen
nacheinander alle Kinder gehen, rennen, schreiten, kriechen u.s.w. Sie
halten dabei die Augen geschlossen. Die Kinder am Rand haben die Aufgabe, dafür zu sorgen, dass jedes Kind sicher durch die Gasse kommt und
am Ende sanft gestoppt wird.

Freiwilligkeit

Spiele dieser Art erfordern Mut, weil man sich einer unbekannten
Situation ausliefern muss. Deswegen ist es ganz wichtig, dass
Kinder selbst entscheiden, ob und an welcher Stelle sie mitspielen
möchten. Wer „Nein" sagen kann, beweist auch großen Mut.
Wichtig ist, dass die Kinder wissen, dass es darum geht, sich
gegenseitig Gutes zu tun.

Tuchtransport

Alter: ab 5 Jahren
Mitspieler: ab 4 Kindern
Spieldauer: ca. 10 Minuten
Material: ein Tisch- oder Betttuch

Die Kinder stellen sich hintereinander auf, ein zusammengerolltes Tuch klemmt zwischen den Knien. Nun soll das Tuch auf die andere Seite des Spielfeldes transportiert werden. Dabei dürfen keine Hände benutzt werden. Schaffen die Kinder das?

Schatzsuche

Alter: für alle Altersgruppen geeignet
Mitspieler: ab 3 Kindern
Spieldauer: ca. 45 Minuten
Material: 1 Bogen Fotokarton, Stifte, Schatzkiste mit Inhalt

Vorab fertigen Sie eine große Skizze des Außengeländes (z. B. (Schul-) Hof, Wald) an und zerschneiden diese in so viele Teile, wie Sie Kleingruppen bzw. Kinder beteiligen. In die Skizze zeichnen Sie den Ort, an dem Sie einen Schatz (oder mehrere Schätze) versteckt haben. Die Puzzleteile verstecken Sie dann im Gelände. Jede Gruppe, bzw. jedes Kind muss ein Puzzleteil finden. Dann kann die „Schatzkarte" zusammengesetzt und gemeinsam nach dem Schatz gesucht werden. Vielleicht muss dafür sogar ein Stück Garten umgegraben werden.

Mit einem Stift malen

Alter:	ab 6 Jahren
Mitspieler:	2 Kinder oder mehrere Paare
Spieldauer:	ca. 15 Minuten
Material:	einen dicken Buntstift, ein großes Stück Papier für je zwei Kinder

Zwei Kinder sitzen vor einem Stück Papier und halten gemeinsam einen Buntstift. Nun sollen sie zusammen ein Bild malen. Sie dürfen während des Malens nicht miteinander reden, also keine Absprachen darüber treffen, was sie malen wollen. Das Spiel entwickelt sich dann von alleine. Im Anschluss an das Spiel können die Kinder über das Erlebte reden. Wenn nötig, geben Sie Impulse: *„Wie gefällt euch euer Bild? War es leicht oder schwierig, so zu malen? Wie ist eine Einigung zustande gekommen? Gab es einen „Bestimmer"? Kann man sich auch ohne Worte verständigen?"*

Siamesische Zwillinge räumen auf

Alter:	ab 4 Jahren
Mitspieler:	ab 2 Kindern
Spieldauer:	ca. 10 Minuten
Material:	ein Band pro Paar

Das Aufräumen wird interessant und lustig, indem zwei Kinder an einem Oberarm und einem Oberschenkel zusammengebunden werden. Nun müssen die siamesischen Zwillinge Teamarbeit leisten.

Lindwurmlauf

Alter:	ab 4 Jahren
Mitspieler:	für Kleingruppen
Spieldauer:	ca. 15 Minuten

Alle Kinder stehen in einer Schlange hintereinander, sie bilden einen Lindwurm. Dabei werden die Hände auf die Schultern des Vordermanns gelegt. Der „Kopf" des Lindwurms, also das erste Kind in der Reihe, bestimmt die Fortbewegungsart. Vielleicht hüpft der Lindwurm, oder er geht rückwärts. Er kann auch kleine Trippelschritte machen oder die Hände einer Seite zum Winken lösen. Nach einer Weile geht der Lindwurmkopf an das Schwanzende. Nun entscheidet ein neuer Lindwurmkopf das Geschehen.

Chips sammeln

Alter:	ab 6 Jahren
Mitspieler:	für Klein- und Großgruppen
Spieldauer:	ca. 5 Minuten
Material:	viele Spielchips (z. B. Muggelsteine), pro Dreiergruppe ein Gefäß

Immer drei Kinder fassen sich an den Händen. Sie spielen jetzt zu dritt als Team in Konkurrenz zu den anderen Dreiergruppen. Der ganze Fußboden ist mit Spielchips ausgelegt. Die Dreiergruppen sollen möglichst viele Spielchips aufsammeln und in ihren Behälter bringen, der z. B. auf der Fensterbank steht. Dabei müssen Sie gut aufeinander eingehen, weil ein gegenseitiges Richtungsgezerre den Erfolg beeinträchtigt. Das Spiel wird nach etwa 5 Minuten beendet. Nun wird gezählt, welchem Dreierteam es gelungen ist, die meisten Chips aufzusammeln.

Raus aus der Höhle

Alter: ab 4 Jahren
Mitspieler: für Klein- und Großgruppen
Spieldauer: ca. 10 Minuten
Material: ein Reifen

Alle Kinder stehen hintereinander in einer Reihe und halten sich an den Händen fest. Das erste Kind in der Reihe hält in einer Hand einen Reifen, der den Ausgang einer Höhle darstellt. Durch diesen Höhlenausgang sollen nun nacheinander alle Kinder steigen, um die (imaginäre) Höhle zu verlassen. Sie dürfen dabei nicht die Hände voneinander lösen. Sind alle durch das Höhlentor gestiegen, wird es noch ein bisschen schwieriger: Nun müssen die Höhlenforscher wieder zurück!

Kooperation

Bei diesen Spielen kommt es darauf an, dass die Kinder lernen zu kooperieren. Je besser sie miteinander auskommen, umso leichter gestaltet sich das Zusammenleben. Sie trainieren auch ihre Körperkräfte und erleben den engen Körperkontakt zu anderen Kindern. Spiele dieser Art erfordern viel Vertrauen. Sie sind spontan einsetzbar, erfordern nicht viel Vorbereitung und wenig Material. Die anschließenden Gespräche führen dazu, dass Kinder lernen, ihre Gefühle zu verbalisieren. Die miteinander spielenden Kinder sollten möglichst gleich kräftig sein.

Maschinenbau

Alter: ab 6 Jahren
Mitspieler: für Klein- und Großgruppen
Spieldauer: ca. 10 Minuten

Die Kinder laufen wie Roboter mit eckigen Bewegungen durch den Raum. Dann bitten Sie die Roboter, sich in Kleingruppen zusammenzufinden (4–5 Kinder), um aus ihren Robotern nun eine große, bewegliche Maschine zu bauen. Die Maschinenteile (Arme und Beine) greifen ineinander und bewegen sich. Die „Maschine" soll auch im Ganzen beweglich sein und einmal durch den Raum „fahren", um von den anderen Kindern begutachtet werden zu können. Wer mag, kann sich auch einen Namen für die Maschine ausdenken.

Schätze sammeln

Alter: für alle Altergruppen geeignet
Mitspieler: für Klein- und Großgruppen
Spieldauer: ca. 20 Minuten
Material: für jeden Mitspieler einen Korb, Decken

Laden Sie die Kinder zu einem Spaziergang ein, auf dem Sie Schätze sammeln. Vielleicht finden die Kinder leere Schneckenhäuser, schöne Steine, Muscheln o. ä. Wenn Sie Rast machen, breiten Sie Ihre Schätze aus und betrachten diese gemeinsam. Vielleicht bieten Sie sich die Schätze gegenseitig zum Tausch an. Manchmal fallen einem auch Geschichten zu den Fundstücken ein. Wenn Sie selbst eine Geschichte von ihrem Stein erzählen, motiviert dies sicher auch die Kinder.

Spielerisch
Konflikte lösen

Streiten will gelernt sein

Viele Kinder weichen Konflikten eher aus. Andere wiederum setzen
sich ohne Rücksicht auf den Streitpartner und seine Bedürfnisse
durch. Wer gut miteinander auskommen will, muss lernen,
gut miteinander zu streiten. In Kita, Hort und Schule können
Konfliktlösung und das Äußern von Gefühlen mit den folgenden
Spielideen kindgerecht eingeübt werden.

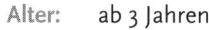

Nein-Stunde

Alter:	ab 3 Jahren
Mitspieler:	für Klein- und Großgruppen
Spieldauer:	1–2 Stunden (je nach Fähigkeit der Kinder)

Sie wählen einen Zeitraum, indem die Kinder nur mit „Nein" antworten dürfen. Für ein bis zwei Stunden dürfen bzw. müssen die Kinder jede Frage oder Bitte verneinen, z. B. : *„Würdest du jetzt bitte aufräumen?" „Möchtest du vielleicht ein Glas Tee trinken?"* Sie brauchen natürlich ein bisschen Geschick, um die Fragen so zu formulieren, dass die Kinder sie verstehen und keine übermäßigen Frustrationserlebnisse haben. Den Kindern wird dieses Spiel Spaß machen. Wenn sie zwischen 3 und 5 Jahren alt sind, sagen sie sowieso gerne „Nein!" Dabei erfahren sie bewusst, was ein „Nein" auch für Erwachsene bedeutet. Sie können die Rollen natürlich auch tauschen. Das macht mindestens ebenso viel Spaß.

Vereinbaren Sie vorher mit den Kindern, dass es in diesem Spiel auch in gewissen Situationen Ausnahmen geben muss (z. B. wenn ein Kind wirklich Hilfe benötigt).

Der Esel, der nicht laufen will

Alter:	ab 4 Jahren
Mitspieler:	2 Kinder oder mehrere Paare
Spieldauer:	ca. 10 Minuten
Material:	Kreide

Sie malen einen Kreidestrich auf den Boden. Auf diesem Strich steht ein Kind, das den Esel spielt. Es steht ein wenig gebückt, mit dem Hinterteil zu dem Kind gewandt, das den Eselstreiber spielt. Dieser hat die Aufgabe, den Esel fortzubewegen. Er soll über die Linie geschoben werden. Ist dies gelungen, werden die Rollen gewechselt. Spielen Sie das Spiel mit mehreren Paaren gleichzeitig, kann es darum gehen, wer seinen Esel zuerst von der Linie schieben konnte.

Streit in der Sandkiste

Alter:	für alle Altersgruppen geeignet
Mitspieler:	für Großgruppen
Spieldauer:	ca. 20 Minuten
Material:	Handpuppen (je nach Alter und Interesse der Kinder)

Spielen Sie mit Handpuppen verschiedene Szenen vor, die aus der Erlebniswelt der Kinder stammen und in denen es zu Konflikten gekommen ist. Die Kinder schauen sich die Szenen an (deren Ende offen sein kann) und entwickeln im Spiel mit den Handpuppen eine Konfliktlösung.

Beispiel: Anna und Lena sitzen in der Sandkiste und spielen. Sie haben schon tolle Burgen gebaut und auch ein wunderbares Kanalsystem. Da kommt ein älterer Junge und sagt: „Haut ab, hier wird nicht mehr gespielt, hier will ich spielen!" Dann beginnt er, alles kaputt zu trampeln.

Weitere mögliche Konfliktszenen:
- Sofie hat eine rot-grün karierte Hose und einen orangefarbenen Pulli an. Die Mama sieht das und sagt: *„Sofie, das sieht ja unmöglich aus. Zieh' dich sofort um!"*
- Timm und Svenja haben mit Bausteinen gespielt. Nun sollen sie aufräumen. Timm zischt Svenja an: *„Du kannst alleine aufräumen und wenn du das Mama petzt, bekommst du Prügel von mir!"*
- Tabea will auf den Spielplatz. Hans versperrt ihr den Weg und sagt: *„Hier kommst du nicht durch!"*
- Im Supermarkt steht Lina an der Kasse. Eine ältere Frau schiebt Lina mit den Worten zur Seite: *„Lass mich mal durch, ich hab's eilig!"*

Besprechen Sie zunächst mit den Kindern, was in den einzelnen Situationen geschieht, wie man sich dabei wohl fühlt und wie sich Kinder gegen solche Übergriffe wehren können. Die Kinder können dann ihre Version der Konfliktlösung mit den Handpuppen spielen.

Variation: Sie können die einzelnen Szenen (z. B. bei älteren Kindern) auch ohne Handpuppen in Form eines Rollenspiels durchführen oder in einer Gesprächsrunde miteinander besprechen.

Gefühle äußern

Gefühle können verbal, aber auch nonverbal geäußert werden. Für das Zusammenleben ist es hilfreich, wenn Menschen gelernt haben, Gefühle zu äußern und Gefühlsäußerungen anderer richtig zu deuten. Dies kann spielerisch mit den Kindern geübt werden.

Der Mund ist zu

Alter:	ab 4 Jahren
Mitspieler:	ab 2 Kindern
Spieldauer:	ca. 15 Minuten

Schlagen Sie den im Kreis sitzenden Kindern folgende Spielsituation vor:

„Ihr könnt nicht sprechen, möchtet aber trotzdem zeigen, dass ihre euch ärgert, freut, wütend oder genervt seid. Zeigt mir, was ihr macht, wenn ich euch …
- *… das Auto wegnehme?*
- *… auslache?*
- *… über den Kopf streichle?*
- *… etwas schenke?*
- *… anschreie?*
- *… etwas verbiete?*
- *… ein Geheimnis verrate?"*

Kartoffelsack wiegen

Alter: ab 6 Jahren
Mitspieler: ab 2 Kindern
Spieldauer: ca. 5 Minuten

Zwei Kinder stehen Rücken an Rücken, die Arme untergehakt. Nun beugt sich eines der Kinder, dabei legt sich das andere automatisch auf den Rücken des Partners. Das Kind kann sich noch 2 bis 3 mal langsam strecken und wieder beugen und mit einer leichten Bewegung des Rückens spüren, wie viel Gewicht auf dem eigenen Rücken liegt. Dann werden die Positionen gewechselt. Sie sollten bei diesem Spiel besonders darauf hinweisen, dass alle Bewegungen sehr behutsam ausgeführt werden müssen, damit es nicht zu Verletzungen kommt. Auch hier üben die Kinder, sich in andere einzufühlen.

Es klopft

Alter: ab 4 Jahren
Mitspieler: für Klein- und Großgruppen
Spieldauer: ca. 10 Minuten

Die Kinder sitzen im Kreis. Ein Kind steht außerhalb vor einer imaginären Tür und bittet als „fremder Besucher" um Einlass. Er muss sich viel einfallen lassen, um die Gruppe davon zu überzeugen, dass es sinnvoll ist, die fremde Person ins Haus zu lassen. Hat es mit dem Einlass geklappt, oder sind ca. 3 Minuten vergangen, übernimmt ein anderes Kind die Rolle des Fremden. Das Spiel kann auch paarweise gespielt werden. Hier stehen sich dann Hausherr/in und Fremde/r gegenüber.

Partnersuche

Alter:	ab 3 Jahren
Mitspieler:	ab 4 Kindern
Spieldauer:	ca. 5 Minuten
Material:	mehrere Filmdosen (pro Kind eine), verschiedene Füllmaterialien wie z. B. Reis, Vogelsand, Erbsen, kleine Steine

Zunächst einmal sammeln Sie einige Filmdosen. Diese werden mit verschiedenen Materialien gefüllt: z. B. Reis, Vogelsand, Erbsen, kleine Steine. Dabei ist darauf zu achten, dass immer zwei Dosen den gleichen Inhalt haben. Auf Ihr Zeichen hin laufen alle Kinder mit jeweils einer Filmdose in der Hand durch den Raum. Währenddessen schütteln sie die Filmdosen und versuchen so herauszufinden, wer ihr Spielpartner ist. Das ist derjenige, dessen Dose das gleiche Geräusch macht.

Dreibeinlauf

Alter:	ab 4 Jahren
Mitspieler:	ab 4 Kindern
Spieldauer:	ca. 5 Minuten
Material:	ein dickes Band oder Tuch

Zwei Kinder stehen nebeneinander. Das linke Bein des einen Kindes und das rechte Bein des anderen werden mit einem dicken Band oder einem Tuch zusammengebunden. Nun üben sie, zügig von einem Spielfeldrand zum anderen zu gelangen. Dann können Paare gegeneinander antreten (ab 5 Jahren): Wer ist am schnellsten im Ziel?

Kindertransport

Alter: ab 5 Jahren
Mitspieler: 4–5 Kinder
Spieldauer: ca. 5 Minuten

Etwa 3 bis 4 Kinder „bauen" mit ihren Körpern ein Fahrzeug. Mithilfe dieses Fahrzeugs sollen sie dann ein Kind von einem markierten Punkt zum anderen transportieren. Bei diesem Spiel üben die Kinder, miteinander zu kooperieren, Absprachen zu treffen und sich an Regeln zu halten. Gemeinsam müssen sie ein Problem bewältigen und dafür Strategien entwickeln.

Teamgeist statt Konkurrenz

Bei diesen Spielen kommt es darauf an, dass die Kinder kooperieren. Sie lernen, Absprachen zu treffen und einfühlsam auf andere einzugehen. Sie erfahren, dass Zusammenarbeit Spaß macht, man sich gegenseitig helfen muss und lernen dabei, andere mit ihren Eigenheiten zu akzeptieren.

Gemeinsam aufstehen

Alter: ab 5 Jahren
Mitspieler: ab 2 Kindern
Spieldauer: ca. 5 Minuten

Jeweils zwei Kinder sitzen Rücken an Rücken. Die Arme haben sie untergehakt. Nun versuchen sie aufzustehen. Damit Sie wissen, wie schwer das ist, wie viel Einfühlung in den Partner das voraussetzt, probieren Sie dieses Spiel doch einmal selbst mit Kolleg/innen aus.

Autofahrt

Alter:	ab 3 Jahren
Mitspieler:	ab 4 Kindern
Spieldauer:	ca. 10 Minuten

Zwei Kinder stellen sich hintereinander. Das hintere Kind legt seine Hände auf die Schulter des vorderen Kindes. Dies hat die Augen geschlossen und streckt die Arme von sich, als hätte es Stoßdämpfer statt Arme. Nun geht die Autofahrt los. Das „blinde" Kind stellt das Auto dar, das hinter ihm stehende Kind den Chauffeur, der das Auto durch den dichten Verkehr lenkt. Das muss der Chauffeur sehr geschickt tun, damit kein Unfall passiert und niemand angestoßen wird. Nach einigen Minuten werden die Rollen getauscht. Anschließend sprechen Sie mit den Kindern über ihre Spielerfahrungen.

Eier zum Fliegen bringen

Alter:	ab 5 Jahren
Mitspieler:	für Klein- und Großgruppen
Spieldauer:	ca. 45 Minuten
Material:	pro Gruppe 100 dicke Plastikstrohhalme, 1 Rolle Tesafilm, 2 Eier

Die Kinder (Teams mit jeweils 3–4 Kindern) erhalten die Aufgabe, mit Strohhalmen und Tesafilm eine Konstruktion zu bauen, die dafür geeignet ist, ein Ei „zum Fliegen zu bringen". Diese sollte so gebaut sein, dass das Ei bei einem Flug aus dem Fenster nicht kaputt geht. Mithilfe der Strohhalme und des Tesafilms sollte das gelingen. Die Kinder dürfen nur das vorhandene Material benutzen und haben einen Probeflug frei (deswegen das zweite Ei). Alle Kinder sollten daran beteiligt sein, genau zu überlegen, wie eine geeignete Konstruktion aussehen könnte. Es ist natürlich nicht erlaubt, das Ei aufzufangen oder die Aufschlagfläche zu polstern. Das Experiment wird anschließend in der Großgruppe reflektiert.

Sachen suchen

Alter: ab 3 Jahren
Mitspieler: für Klein- und Großgruppen
Spieldauer: ca. 30 Minuten
Material: für je zwei Kinder zwei gleiche Gegenstände: z. B. Kronkorken, Kastanien, eingewickelte Bonbons, Spielfiguren, Küchengegenstände

Sie verstecken im Gruppenraum oder im Außengelände für je zwei Kinder immer zwei gleiche Gegenstände. Nun gehen alle Paare auf die Suche. Sobald ein Paar zwei gleiche Gegenstände gefunden hat, ist das Spiel gewonnen.

Vernissage

Alter: ab 4 Jahren
Mitspieler: Teams mit jeweils 3–4 Kindern
Spieldauer: ca. 45 Minuten
Material: Tücher, buntes Papier, gemalte Bilder, Lieblingsfundstücke und -spielzeuge, interessante Bücher und Fotos, Bastelarbeiten, Tee, Saft und Kekse o. ä.

Jedes Team arrangiert mit den vorhandenen Materialien einen Ausstellungstisch. Auf diesem können neben den oben genannten Dingen auch Lieblingsspielzeuge, interessante Bücher oder Fotos ausgestellt werden. Die Sachen werden schön dekoriert und jedes Kind erzählt ein paar Worte zu seinen Ausstellungsstücken. Dazu werden Tee, Saft und Kekse gereicht, wie bei einer richtigen Ausstellungseröffnung.

Drei Geheimnisse

Alter:	ab 5 Jahren
Mitspieler:	ab 2 Kindern
Spieldauer:	ca. 30 Minuten

Ein Kind hält die Augen geschlossen und wird von einem anderen Kind durch das Gelände geführt. An drei Stationen machen die beiden Halt. Der „Blindenführer" präsentiert dem Partner an jeder Station ein „Geheimnis" (z. B. einen schönen Stein, einen Baumstamm, eine Blume). Das geführte Kind soll Gelegenheit erhalten, das „Geheimnis" mit allen Sinnen wahrzunehmen. Dann wird es wieder an den Ausgangsort zurückgeführt. Nun soll es mit offenen Augen die Geheimnisse wieder finden. Ist das gelungen, werden die Rollen getauscht. Hier geht es neben der Sinnesförderung darum, Teamarbeit zu erfahren. Reflektieren Sie anschließend mit den Kindern das Spiel und ihre Empfindungen.

Etwas Gutes füreinander tun

Alter:	für alle Altersgruppen geeignet
Mitspieler:	für Kleingruppen
Spieldauer:	ca. 10 Minuten
Material:	eine Matte

Ein Kind lieg zusammengerollt auf einer Matte und stellt sich schlafend. Ein anderes Kind hat die Aufgabe, das schlafende Kind zu wecken. Es soll dabei sehr einfühlsam mit dem Kind umgehen und es auf ganz nette Art und Weise aus dem Schlaf holen. Dabei ist außer reden, alles, was fürsorglich und nett ist, erlaubt. Das schlafende Kind entscheidet selbst, wann es „aufwachen" möchte und ob es dann erzählen möchte, was ihm gut getan hat. Dann werden die Rollen gewechselt. Die Kinder können bei diesem Spiel lernen, Gefühle nonverbal auszudrücken.

Entspannen und neue Kräfte sammeln

Abschalten und Ruhe finden

Kinder stehen eigentlich ständig unter Spannung. Oft bleibt ihnen wenig Zeit, sich zurückzuziehen, in Ruhe zu spielen oder zu lernen sowie sich zu entspannen. Deswegen ist es wichtig, sich mit Kindern immer wieder Zeit für ruhige Momente zu nehmen. Im Folgenden finden Sie eine Vielfalt an Spielen zum Entspannen und Abschalten, mit denen Sie und Ihre Kindern zur Ruhe finden können.

Ballmassage

Alter: für alle Altersgruppen geeignet
Mitspieler: ab 2 Kindern
Spieldauer: ca. 10 Minuten
Material: 1 Tennis- oder Softball, eine Matte, Decke oder Matratze pro Kind

Ein Kind liegt mit dem Bauch auf einer Matte. Ein zweites Kind kniet vor ihm und lässt langsam einen Ball über den ganzen Körper des liegenden Kindes rollen. Besonders im Nackenbereich ist die Ballmassage sehr angenehm. Kreist der Ball langsam und vorsichtig über den Körper, kann das Kind beschreiben, an welcher Körperstelle sich der Ball gerade befindet. Dies fördert die bewusste Körperwahrnehmung. Die Kinder bestimmen selbst, wie lange sie massiert werden möchten. Die Rollen werden dann getauscht.

Positives Körpergefühl entwickeln

Bei diesen Spielen geht es darum, das eigene Körpergefühl zu entdecken, zu genießen und sich zu entspannen. Die Kinder tun etwas Gutes für sich oder füreinander und lernen auch, emphatisch zu handeln.

In einer Decke wiegen

Alter: für alle Altersgruppen geeignet
Mitspieler: für Kleingruppen
Spieldauer: ca. 10 Minuten
Material: eine Decke

Ein Kind liegt auf einer Decke, die von mehreren Kindern getragen wird. Das Kind in der Decke wird angehoben, gewogen, hin und her geschaukelt. Es kann seine Wünsche äußern, sagen, wie es bewegt werden möchte. Vielleicht möchte das Kind sanfter gewiegt werden oder es wünscht sich mehr Tempo. Es möchte vielleicht in die Höhe gehoben oder schwungvoll in die Luft geworfen werden. Begleiten Sie dieses Spiel aus Vorsichtsgründen bitte an der Decke. Auch bei diesem Spiel geht es darum, das eigene Körpergefühl zu entdecken und sich zu entspannen. Mit dieser Übung tun sich die Kinder gegenseitig etwas Gutes. Sie lernen, dass man solche Geschenke annehmen und genießen kann.

Zauberseife

Alter: 4–6 Jahre
Mitspieler: ab 2 Kindern
Spieldauer: ca. 10 Minuten
Material: eine Matte, Decke oder Matratze

Dieses Spiel dient der Entspannung und dem Stressabbau. Ein Kind liegt auf einer Matte und wird von einem Partner mit einer „Zauberseife" verwöhnt. Zauberseife deswegen, weil es keine real existierende Seife ist, sondern nur in der Fantasie vorkommt. Mit der Zauberseife (Hand/ballen) wird das Kind von einem Partner gestreichelt und bemalt. Der Partner/die Partnerin kann einen Sonnenschein auf den Rücken malen, Wut wegwischen, einen Lachanfall herbeiführen, das Kind vom Kopf bis zu den Zehenspitzen „einseifen", die Haare waschen, einen Fleck wegrubbeln, Kummer wegwischen und viele andere Dinge herbeizaubern.

Anschließend kann sich das bemalte Kind den Seifenschaum unter einer imaginären Dusche abduschen. Hierbei kann der Partner nachschauen, ob aller Schaum weg ist und vielleicht mit der Hand ein wenig nachhelfen. Und wer will, kann sich dann noch mit einem großen Handtuch trocken rubbeln (lassen). Die Pantomime lässt sich natürlich auch fortsetzen.

Berührungen entspannen

Kinder genießen die sanften Berührungen bei diesen stillen Spielen und lernen, sich fallen zu lassen und zu entspannen. Sie können den Augenblick genießen, den Körper bewusst spüren und den Stress des Tages vergessen.

Bierdeckel spüren

Alter:	für alle Altersgruppen geeignet
Mitspieler:	ab 2 Kindern
Spieldauer:	ca. 10 Minuten
Material:	viele Bierdeckel, Decke, Matratze oder Matte

Ein Kind liegt auf einer weichen Unterlage. Ein Zweites legt ganz vorsichtig Bierdeckel auf verschiedene Körperstellen des liegenden Kindes. Nach einer Weile soll das liegende Kind sagen, auf welchen Körperstellen Bierdeckel liegen. Dann werden die Rollen getauscht. Nach diesem Spiel sprechen Sie mit den Kindern (je nach Alter) über ihre Erfahrungen: *„An welchen Körperstellen konnte man den Bierdeckel gut, an welchen weniger gut spüren? Wo haben die Bierdeckel gestört, wo nicht?"*

Luftballonbett

Alter:	für alle Altersgruppen geeignet
Mitspieler:	ab 2 Kindern
Spieldauer:	variabel
Material:	ein Bettbezug, viele Luftballons

Füllen Sie einen Bettbezug mit Luftballons, die sie vorher evtl. mit den Kindern zusammen aufblasen. Auf und mit diesem Luftballonbett können mehrere Kinder wunderbar experimentell spielen. Das Luftballonbett eignet sich auch hervorragend zum Ausruhen. Die Kinder können sich aber auch auf dem Bett rollen, es kann von mehreren Kindern auf dem Kopf transportiert werden etc. Wird es durch Hüpfen und Springen zu stark strapaziert, wird es mit neuen Luftballons aufgefüllt.

Traum- und Fantasiereisen

Mit Traum- und Fantasiereisen können Sie den Kindern helfen, zur Ruhe zu finden. Wichtig ist, dass Sie ungestört sind und es sich gemütlich machen können – auf einer Liege, einer Kissenlandschaft, auf Matten oder in einer Höhle. Sie sollten darauf achten, langsam zu sprechen, Sprechpausen zu machen und durch Ihre Stimme Ruhe zu vermitteln.

Traum- und Fantasiereisen

Alter: für alle Altersgruppen geeignet
Mitspieler: für Kleingruppen
Spieldauer: ca. 15 Minuten
Material: Stühle, Matten oder Decken

Hinführung: Die Kinder können auf Stühlen sitzen oder auf Matten bzw. Decken liegen. Mit ruhigen Worten können Sie den Kindern helfen, sich zu entspannen. Beispiel: *„Macht es euch ganz bequem auf eurer Decke. Euer Körper entspannt sich. Schließt eure Augen und achtet auf euren Atem. Ihr atmet tief und gleichmäßig ein und aus."*

Die Traumreise: Sie geben nun verbale Impulse, damit die Kinder innere Bilder entwickeln und ihrer Fantasie freien Lauf lassen können. Sprechen Sie dabei sehr ruhig und verwenden am Besten nur kurze Sätze. Nach jedem Satz erfolgt eine kurze Pause, damit das Kind Zeit hat, innere Bilder zu entwickeln. Die Handlung ist kurz und einfach, Sie geben quasi nur Impulse, denn Sie wollen ja die Fantasie des Kindes aktivieren. Zu starke Vorgaben verhindern dies.

Die Rückführung: Sie holen die Kinder wieder langsam in die Realität zurück. Achten Sie darauf, dass dies sanft geschieht und die Kinder ihrem eigenen Tempo folgen können. Sie müssen genügend Zeit bekommen, um sich von ihren Bildern verabschieden und die Traumwelt verlassen zu können. Bitten Sie die Kinder, ganz langsam die Augen wieder zu öffnen, sich zu recken, strecken und zu räkeln. Wenn sie möchten, können sie von ihren Erlebnissen erzählen.

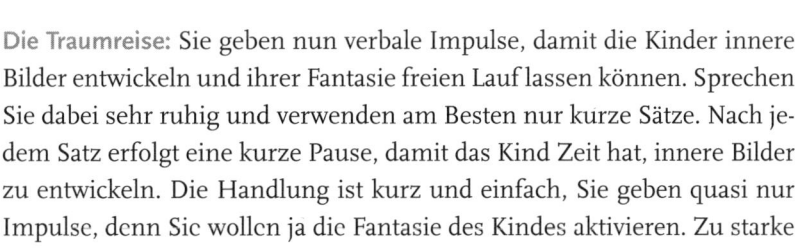

Viele Kinder malen anschließend auch gerne ihre Traumbilder.

Fragen Sie nach der Rückführung:
* *„Konntest du träumen?*
* *In welche Welt bist du gewandert?*
* *Was ist passiert?*
* *Was war schön, lustig, aufregend?*
* *Was hat dir besonders gut gefallen?*
* *Gab es etwas, was dir nicht gefallen hat?*
* *Wie geht es dir jetzt?“*

Themenvorschläge für Traum- und Fantasiereisen:
* *„Du wanderst durch einen Zauberwald: Wer begegnet dir dort? Wo verweilst du? Was ist dort anders als in unserem Wald? Gibt es im Zauberwald Blumen, Lebewesen? Wie ist das Wetter dort?“*
* *„Im Park steht ein großer Baum. Was ist das für ein Baum? Wie sieht er jetzt aus? Welche Jahreszeit ist gerade? Gibt es Tiere, die sich in dem Baum wohlfühlen? Was hat der Baum für Äste? Wie sehen seine Wurzeln aus?“*
* *„Du liegst auf einer Wiese. Du schaust in die Wolken. Was siehst du da? Was hörst du? Was fühlst du? Wie geht es dir? Was möchtest du jetzt tun?“*

Fantasiereise: „Schöne neue Welt"

Alter:	ab 5 Jahren
Mitspieler:	für Kleingruppen
Spieldauer:	ca. 20 Minuten
Material:	eine Gymnastikmatte oder viele Kuschelkissen

Begeben Sie sich mit den Kindern auf eine Reise in eine schöne neue Welt. Suchen (oder schaffen) Sie hierfür einen gemütlichen Kuschelplatz aus, an dem Sie ungestört miteinander fantasieren können. Bitten Sie die Kinder, ihre Augen zu schließen und beginnen Sie zu erzählen:
„Wir packen einen Rucksack mit den wichtigsten Sachen für unsere Reise. Wir brauchen Unterwäsche zum Wechseln, Waschsachen und eine Zahnbürste, einen dicken Pullover, Wanderschuhe, Schal und Mütze. Wenn alles eingepackt ist, geht es los zum Flughafen. Wir haben vorher nachgeschaut, wann der Bus abfährt und kommen pünktlich am Flughafen an. Da laufen schon ganz viele

Menschen umher. Mit Koffern, Rucksäcken oder kleinen Reisetaschen. Manche Leute sind klein, groß, dick, dünn. Sie haben unterschiedliche Hautfarben und sehen alle anders aus. Aber das können wir uns nicht länger anschauen, denn auf uns wartet schon ein ganz besonderes Flugzeug. Es ist nur für uns da und der Pilot begrüßt uns schon auf der Treppe und lädt uns zu einem Besuch im Cockpit ein." Entwickeln Sie die Geschichte noch etwas weiter und übergeben Sie dann an die Kinder. Mit folgenden Fragen können Sie sie darin unterstützen, ihre Fantasie einzusetzen: „Wie geht die Geschichte weiter? Was passiert auf dem Flug? Wo landen wir? Wie sieht es in dieser neuen Welt aus?"

Wenn die Kinder ins Stocken geraten, bieten Sie Hilfe an. Geben Sie Ihnen ein neues Stichwort: Sie können über ein geheimnisvolles Meer fahren oder im Urwald landen. Sie können geheimnisvolle Menschen treffen oder das Schlaraffenland entdecken.

Yoga für Kinder

Alter:	ab 4 Jahren
Mitspieler:	für Klein- und Großgruppen
Spieldauer:	ca. 10 Minuten
Material:	eine Matte pro Kind

Die „Sonne" ist eine einfache Yogaübung, die auch mit jüngeren Kindern durchgeführt werden kann. Die Kinder liegen entspannt auf einer Matte. Erklären Sie ihnen, dass Sie nun eine Geschichte erzählen werden, zu welcher sie pantomimisch eine Sonne darstellen können.

Beginnen Sie zu erzählen und machen Sie dabei die entsprechenden Bewegungen vor:
„Der Morgen erwacht und die Sonne geht langsam auf. Steht langsam auf, stellt euch aufrecht hin und lasst eure Arme baumeln. Spürt den Boden unter euren Füßen. Nun atmet ihr langsam und gleichmäßig ein und aus. Stellt euch vor, ihr seid die Sonne und eure Arme die Sonnenstrahlen. Gemächlich geht die Sonne auf, steigt immer höher und höher. Hebt eure ausgestreckten Arme nun ganz langsam hoch. Es wird Mittag, jetzt steht die Sonne an ihrem höchsten Punkt und eure Handflächen treffen aufeinander. Die Sonne steht ganz oben

am Himmel und verbreitet ihre wärmenden Sonnenstrahlen. Nun beginnt sie wieder langsam zu sinken. Dreht eure Handflächen nach außen, lasst eure Arme ganz langsam sinken. Nehmt euch hierfür viel Zeit und atmet ruhig und tief weiter. Die Sonne muss sich nicht beeilen. Ganz langsam versinkt sie und verabschiedet sich mit einem wunderschönen Sonnenuntergang. Atmet beim Senken eurer Arme ganz tief aus."

Steinfantasien

Alter:	für alle Altersgruppen geeignet
Mitspieler:	für Kleingruppen
Spieldauer:	ca. 15 Minuten
Material:	mehrere unterschiedliche Steine

Aus einem Korb, der mit unterschiedlichen Steinen gefüllt ist, sucht sich jedes Kind einen Stein aus. Bitten Sie die Kinder, ihren Stein genau zu betrachten, zu beschnuppern und zu befühlen. Dann bitten Sie sie, die Augen zu schließen und zu überlegen, was der Stein erzählen könnte. Geben Sie hierzu Impulse, z. B.:
„Der Stein, den du dir ausgesucht hast, ist ein sehr, sehr alter Stein. Er hat nicht immer hier gewohnt. Wenn du ganz fest an den Stein denkst, siehst du ihn vielleicht an dem Ort, an dem er früher gelebt hat. Hat dein Stein alleine an dem Ort gewohnt oder waren da noch andere Steine? Was hat dein Stein erlebt? Wie ist er hierher gekommen? Halte deinen Stein gut fest und lass dir seine Geschichte erzählen. Wenn du magst, erzählst du uns seine Geschichte gleich."
Setzen Sie sich dann mit den Kindern in einen Kreis und lassen Sie den Erzählungen der Kinder freien Lauf.

Kerzenmeditation

Alter: für alle Altersgruppen geeignet
Mitspieler: für Kleingruppen
Spieldauer: ca. 10 Minuten
Material: für jedes Kind ein Windlicht mit Kerze, CD-Spieler und CD mit ruhiger Musik

Die Kinder sitzen im Schneidersitz in einem Kreis vor ihrer Kerze. Sie sind ganz still und schauen sich das Licht der Kerze an. Im Hintergrund spielt eine ruhige Musik. Der Spiegel liegt in der Mitte des Kreises. Bitten Sie die Kinder, Ihren Anweisungen zu folgen:
„Setzt euch im Schneidersitz hin. Legt die Hände auf eure Knie, sodass die Handflächen zum Himmel zeigen. Schaut euch die Kerze eine Weile an und seid dabei mucksmäuschenstill.
Seht euch genau die Flamme an. Findet einen Namen für das, was die Flamme macht: Brennt sie ruhig? Oder lodert sie? Welche Farben hat sie?"

Bäume im Wind – Blumenerwachen

Alter: für alle Altersgruppen geeignet
Mitspieler: für Kleingruppen
Spieldauer: ca. 15 Minuten
Material: CD-Spieler und CD mit Entspannungsmusik, eine Matte pro Kind

Während Sie eine ruhige Musik spielen lassen, liegen die Kinder entspannt auf Matten am Boden und hören auf Ihre Geschichte:

* *„Ihr liegt auf einer großen wunderschönen Wiese am Rand eines Waldes. Es ist ganz still und ihr könnt euch vorstellen, wie die Bäume um euch herum aussehen. Steht nun langsam auf, schließt die Augen und stellt euch vor, ihr seid ein Baum. Ihr seid zunächst ein kleiner Baum, der gerade frisch gepflanzt wurde. Aber schon bald werdet ihr immer größer und größer und streckt eure Äste von euch. Ein Wind kommt auf, der euch leicht in Bewegung bringt. Plötzlich beginnt es zu stürmen, die Bäume geraten ins Schwanken ..."*
* *„Ihr liegt alle auf einer schönen duftenden Wiese. Stellt euch vor, ihr seid alle Blumen, die nun langsam zu wachsen beginnen. Sie werden größer, entfalten ihre Blätter, beginnen zu blühen, strecken sich der Sonne entgegen ..."*

Wattepusten

Alter:	für alle Altersgruppen geeignet
Mitspieler:	ab 2 Kindern
Spieldauer:	ca. 10 Minuten
Material:	Watte, Papierschnipsel oder Federn, Seidenpapier

Diese Spiele sorgen nach einer Phase der Anspannung für Entspannung:

- Zwei Kinder sitzen sich gegenüber. Sie pusten sich abwechselnd eine kleine Feder oder ein Stück Watte hin und her.
- Die Kinder legen sich auf den Bauch und üben Watte-Weitpusten.
- Die Kinder liegen auf dem Rücken und pusten die Watte hoch in die Luft. Sie versuchen, sie möglichst lange in der Luft zu halten. Sie machen dasselbe mit einer Feder und einem Stück Seidenpapier. Wie reagieren die unterschiedlichen Materialien? Was lässt sich leicht, was nur mit Mühe fortbewegen?

Die Spiele müssen genügend Pausen enthalten, damit den Kindern nicht schwindlig wird oder sie nicht außer Puste geraten. Nach dem Spiel legen die Kinder eine Hand auf den Bauch und die andere auf die Brust. Sie spüren ihren Herzschlag und merken, dass der Atem schneller geht. Atmen Sie tief und ruhig mit ihnen zusammen ein und aus.

Musikmalen

Alter:	für alle Altersgruppen geeignet
Mitspieler:	für Klein- und Großgruppen
Spieldauer:	ca. 30 Minuten
Material:	Finger- oder Wasserfarben, 1 Papierbogen pro Kind, CD-Spieler und ruhige, inspirierende Musik (z. B. Mozart oder Vivaldi)

Jedes Kind hat einen Bogen Papier vor sich und zwei bis drei Schälchen Finger- oder Wasserfarben. Sie legen ruhige Musik auf und bitten die Kinder, der Musik zu lauschen, beim Malen dem Tempo der Musik zu folgen und das zu malen, was ihnen gefällt. Vielleicht erzählt die Musik den Kindern ja eine Geschichte.

Wolkenbilder suchen

Alter:	für alle Altersgruppen geeignet
Mitspieler:	für Kleingruppen
Spieldauer:	ca. 15 Minuten
Material:	Decken

Vielleicht bietet sich ein sonniger Tag an, um im Freien gemeinsam Wolkenbilder anzuschauen und zu interpretieren. Nehmen Sie Decken mit, legen sich mit den Kindern ins Gras und betrachten sie gemeinsam die Wolken. Vielleicht entdecken die Kinder Schäfchenwolken oder sehen andere Tiere, Figuren oder Formen.

Variation: Wer Lust hat, kann später auch Wolkenbilder malen. Mit Wasser- oder Aquarellfarben entstehen schöne Wolkenbilder, die an das gemeinsame Erlebnis erinnern.

Bücher zum Weiterlesen und nützliche Adressen

Literatur, die weiterführt:

Frank Bächle, Steffen Heckele: **999 Spiel- und Übungsformen im Ringen, Raufen und Kämpfen.** Hofmann 2008

Wolfgang Beudels, Wolfgang Anders: **Wo rohe Kräfte sinnvoll walten:** Handbuch zum Ringen, Rangeln und Raufen in Pädagogik und Therapie. Verlag Modernes Lernen 2008

Ingrid Biermann: **Spiele zur Wahrnehmungsförderung.** Herder 2010

Manfred Döpfner u. a.: Hyperkinetische Störungen. Hogrefe 2000

Constanze Grüger, Anne Wöstheinrich: **Bewegungsspiele für eine gesunde Entwicklung:** Psychomotorische Aktivitäten für Drinnen und Draußen zur Förderung kindlicher Fähigkeiten und Fertigkeiten. Ökotopia 2002

Katrin Meier: **Circus Bambini.** Mit Zirkusprojekten ganzheitlich fördern. Herder 2009

Rosemarie Portmann: **Die 50 besten Spiele für mehr Sozialkompetenz.** Don Bosco 2008

Rosemarie Portmann, Felix Weinold: **Spiele zum Umgang mit Aggressionen.** Don Bosco 2004

Verena Sommerfeld, Barbara Huber u. a.: **Toben, raufen, Kräfte messen:** Ideen, Konzepte und viele Spiele zum Umgang mit Aggressionen. Ökotopia 1999

Brigitte vom Wege, Mechthild Wessel: **Das Kindergartenspielebuch.** Die schönsten Spiele aus alter und neuer Zeit. Herder 2010

Brigitte Wilmes-Mietenhausen: **Mut-mach Spiele.** Stärken entdecken – selbstsicher werden. Heder 2010

Adressen, die weiterhelfen:

Arbeitskreis Neue Erziehung e.V.
www.aktiv-fuer-kinder.de

Bundesarbeitsgemeinschaft Elterninitiativen (BAGE) e.V.
www.bage.de

Deutsche Liga für das Kind
www.liga-kind.de

Deutscher Kinderschutzbund e.V.
www.dksb.de

Spieleregister